les fondamentaux de la NATATION

Initiation
et perfectionnement
pour tous

Michel PEDROLETTI

les fondamentaux de la NATATION

Initiation et perfectionnement pour tous

170 exercices et séances de préparation

amphora
tous les sports
14, rue de l'Odéon - 75006 Paris

Photo de couverture : © Presse Sports
Photos intérieures : © René Rossi

CONCEPTION ET RÉALISATION
Couverture et Intérieur : **Amphora**

ISBN : 2-85180-**546**-0

Remerciements à :

Anne Amardeilh,

Lucia, Manuel et Frédéric Delcourt,

Marion Idoux,

Jean-Baptiste Terrasa.

Sommaire

Avant-propos

D'après les enquêtes sur les pratiques sportives des Français, c'est la natation et la marche qui viennent au premier rang des activités les plus appréciées.

La natation est l'activité la plus recommandée par le corps médical. Le médecin est donc le meilleur recruteur de la Fédération Française de Natation. De nombreux nageurs de haut niveau sont venus à ce sport pour des raisons de santé et pour résoudre divers problèmes d'asthme, de développement physique, de dos, etc.

La mer qui entoure les côtes de notre pays, les rivières et les nombreux lacs que nous pouvons y trouver, posent un problème de sécurité important pour tous et particulièrement pour les parents.

Ce n'est pas parce qu'on a appris à flotter, à l'école ou en prenant quelques leçons, que notre sécurité sera assurée en toutes circonstances. Au bord de la mer, le vent qui se lève, les vagues, les courants ou la pratique des sports nautiques et de glisse posent des problèmes de sécurité auxquels on ne pense pas ou seulement quand il est trop tard.

Si vous voulez nager pour votre santé, votre bien-être, votre forme, votre condition physique, votre plaisir ou pour la satisfaction d'une belle nage, il faut vous plier à un apprentissage. Il faut vous pencher sur la technique, puis déterminer une progression d'exercices et un programme de travail qui vous permettront de répondre à vos motivations.

L'objectif de ce livre est de vous aider à résoudre tous ces problèmes en proposant à chacun une solution adaptée à ses possibilités et à son niveau. Il se veut être un appui, un secours et une aide permanente pour que vous puissiez aussi aider vos enfants, votre famille et vos amis. Avec la maîtrise de votre sécurité, vous pourrez profiter pleinement de tous les bienfaits que la pratique de la natation peut vous apporter.

Les bases théoriques

Il est important, sans trop entrer dans les détails, d'avoir quelques notions des grands principes qui régissent la propulsion du nageur dans l'élément liquide :

1. Le nageur se déplace dans l'eau, il est confronté à un certain nombre de forces qui agissent et réagissent à son corps et aux mouvements qu'il fait sous et à la surface de l'eau.

2. La meilleure technique consistera à jouer sur la meilleure efficacité des actions propulsives tout en réduisant au maximum les répercussions des différentes formes de résistances.

Deux grands types de résistances se dégagent :

- les premières sont passives, elles sont liées au corps du nageur, elles dépendent de sa morphologie, de sa densité, de sa peau…

- les secondes sont actives, elles sont liées à la technique utilisée à travers la position et les différents mouvements nécessaires à la propulsion.

Si la résistance passive liée à la forme du corps du nageur ne peut être modifiée, la technique quant à elle permet de jouer sur la résistance active qui est beaucoup plus dommageable.

3. Ce n'est pas le bras du nageur qui se déplace dans l'eau comme on le montre souvent, mais le nageur qui se déplace par rapport à ses appuis.

ATTENTION

a) Aux appuis et à la sensation de l'eau.

b) À être souple et relâché.

c) À ne jamais être brutal.

d) À faire le mouvement le plus ample possible.

En conclusion, pour nager vite, il faut se déplacer rapidement par rapport à un appui qu'on doit être capable de conserver, et surtout, ne pas chercher à tourner les bras rapidement.

Les problèmes de flottabilité

Dans l'eau, l'homme n'est plus dans son élément, il y rencontre un certain nombre de difficultés pour s'y adapter. Sa plus ou moins bonne flottabilité ainsi que les difficultés qu'il peut avoir à se maintenir en position horizontale influenceront sa technique et la réalisation d'une performance.

1. La poussée d'Archimède

Une force s'exerce sur un corps plongé dans un liquide. Elle est égale au poids du volume d'eau déplacé et s'applique au centre géométrique de ce corps. C'est le principe d'Archimède que tout le monde connaît.

2. L'équilibre ou couple de redressement

La force d'attraction terrestre (la pesanteur) s'exerce aussi sur le corps du nageur, elle s'applique au centre de gravité. Les jambes qui sont plus lourdes que les poumons ont un volume beaucoup plus petit. Elles auront tendance à s'enfoncer vis à vis du haut du corps parce que le centre de gravité où s'applique la pesanteur se situe au niveau du bassin et que le centre géométrique où s'applique la poussée d'Archimède se situe dans la poitrine.

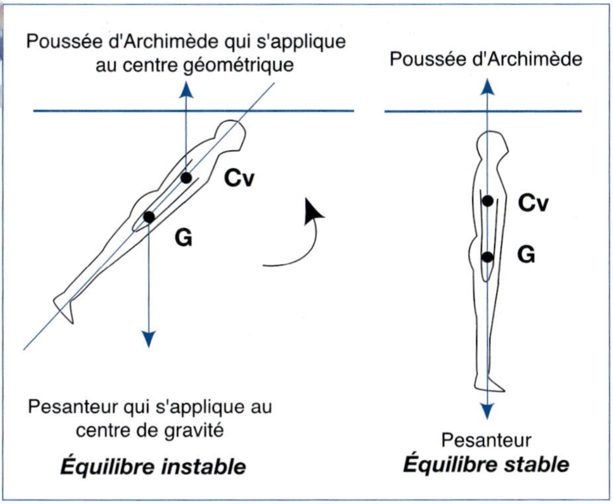

Il faut donc faire attention :
– à la position du corps pour ne pas accentuer le problème,
– au placement des bras,
– au rôle de la tête, du cou et du menton.

Ces problèmes d'équilibre dans l'eau sont connus sous le nom de « couple de redressement ».

Les résistances de l'écoulement de l'eau ou mécanique des fluides

Les écoulements des fluides, dits mécanique des fluides, ne se font pas sans résistances. On en a tous conscience dans notre milieu habituel, le vent, le déplacement, les problèmes de CX des voitures et d'aérodynamisme en Formules 1, etc.

L'eau offre beaucoup plus de résistances que l'air.

Le déplacement du nageur est le résultat de forces antagonistes de propulsion et de résistances. Pour être plus efficace, il faudra donc augmenter les actions propulsives et diminuer les différentes formes de résistances.

Les écoulements des fluides sont de deux types : les écoulements laminaires et les écoulements turbulents.

1. Les écoulements laminaires

Les fluides quand ils ne sont pas perturbés s'écoulent de façon régulière selon des lignes de courant.

La vitesse d'écoulement peut changer le long d'une ligne de courant, elle peut varier d'une ligne de courant à l'autre.

Les différentes couches de fluide glissent les unes sur les autres sans se mélanger.

Les résistances sont faibles (c'est le cas des écoulements de l'air sur les voiles des voiliers dans le vent de travers).

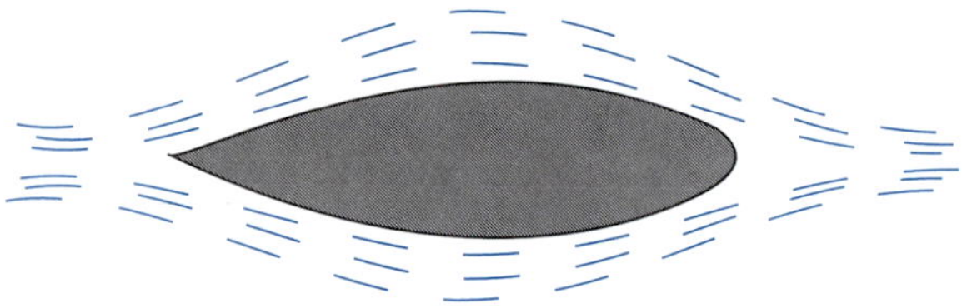

Écoulements laminaires

2. Les écoulements turbulents

L'écoulement laminaire devient turbulent quand les lignes de courant, se heurtant à un corps, subissent de grands changements de direction et de vitesse. Les molécules qui rebondissent dans toutes les directions percutent les lignes de courant proches, les rendant à leur tour turbulentes et ainsi de suite (c'est le cas des voiles des voiliers perturbées dans le vent arrière et dont le rendement de ce fait est bien inférieur à celui par vent de travers).

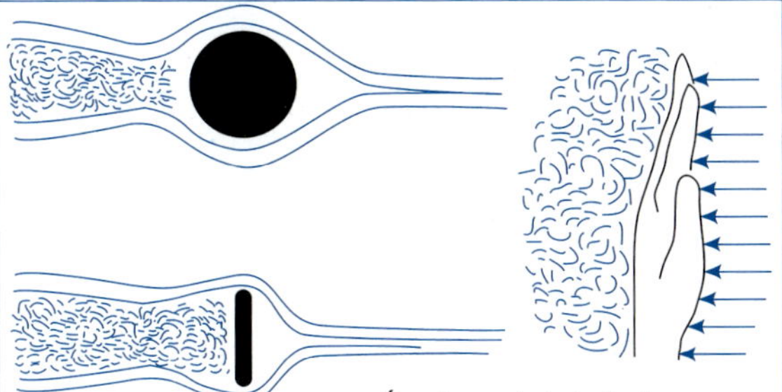
Écoulements turbulents

3. Écoulements turbulents et différences de pressions

À l'avant du corps, cette turbulence qui s'étend, crée une zone de haute pression et le freine.

Les lignes de courant étant complètement perturbées, aucun écoulement laminaire ne peut se faire autour du corps immergé. Ces lignes de courant ne peuvent se reformer que loin derrière.

Une zone de courant tourbillonnaire de basse pression se forme à l'arrière provoquant un effet de succion qui freine lui aussi la progression vers l'avant.

Un système de pression et de dépression se met en place. Des forces s'y appliquent, toujours dans le sens des plus hautes pressions vers les plus basses, dont l'intensité est proportionnelle à celle de ces hautes et basses pressions.

Ces forces, qui peuvent être très fortes, s'opposent au déplacement vers l'avant.

Remarque : les zones de basses pressions favorisent l'aspiration d'un corps ou d'un véhicule qui se trouve à peu de distance derrière (voir les F1 qui profitent de l'aspiration pour doubler).

La forme plus ou moins profilée du corps a donc une grande importance.

Le corps de l'homme n'est malheureusement pas particulièrement adapté à l'élément liquide. Il faut donc faire très attention à sa position dans l'eau. Elle doit être la plus horizontale possible pour réduire au maximum les inconvénients dus à l'écoulement turbulent et aux différences de pressions frontales et arrière.

4. Les différentes formes de résistances

En natation nous rencontrons trois grands types de résistances :

– les résistances de formes regroupant les résistances frontales et les résistances des turbulences,

– les résistances de vagues,

– les résistances de frottement.

La force de propulsion du nageur : la portance

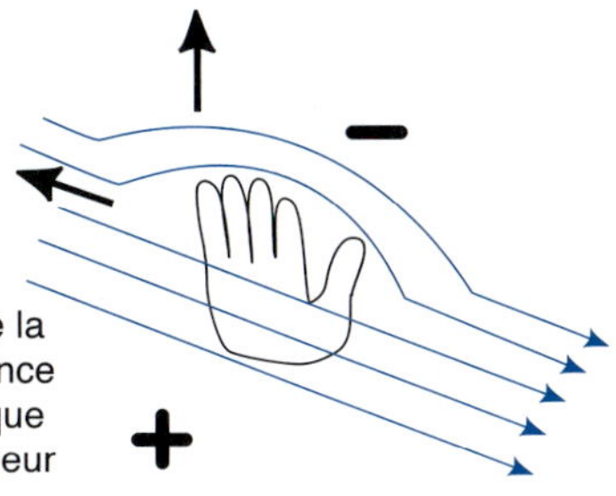

Application de la portance hydrodynamique à la main du nageur

La force propulsive du nageur est principalement due à la portance hydrodynamique et non pas à une force de traction et de poussée des bras vers l'arrière, à l'image d'une rame et selon le principe de l'action/réaction de Newton.

La force de portance, qui permet au nageur de se déplacer, est la combinaison de deux actions :

– l'action des bras et des jambes qui par un grand balayage induit un mouvement de déplacement des mains et des pieds,

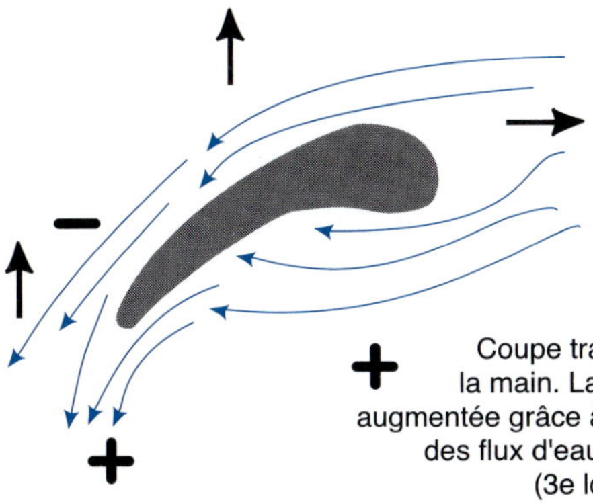

Coupe transversale de la main. La portance est augmentée grâce à la déflexion des flux d'eau vers l'arrière (3e loi de Newton)

– et celle de ses mains et de ses pieds qui, à travers des angles d'appui particuliers, les angles d'attaque, et par rapport à leur sens de déplacement, vont induire un système de pression/dépression dans le cadre d'un écoulement des fluides.

Pour nous aider à comprendre et pour les besoins de la démonstration nous allons voir comment les avions peuvent voler grâce aux principes aérodynamiques.

1. La portance aérodynamique

Un avion, pour décoller et voler, a besoin de son moteur et de ses ailes.

Le moteur est une source de propulsion horizontale permettant de créer des courants d'air qui vont s'écouler de part et d'autre des ailes.

Les ailes vont permettre à l'avion de s'élever. Pour cela il leur faut une forme bien particulière pour profiter des forces créées par les écoulements de l'air sur leurs parois. Le profil de l'aile est courbe sur le dessus, plat au-dessous. La distance que l'air va devoir parcourir, pour aller du bord d'attaque arrondi au bord de fuite effilé, sera plus importante sur le dessus.

Selon le théorème de Bernouilli nous savons que :

1er – L'air passant dessus est accéléré de façon à arriver au bord de fuite en même temps que l'air passant en dessous.

2e – La pression de l'air sur la paroi de l'aile du dessus baisse au fur et à mesure que sa vitesse augmente.

3e – La pression de l'air passant dessous est augmentée du fait de l'écoulement qui est moins rapide.

Un système de pression/dépression est donc mis en jeu et une force verticale orientée du bas vers le haut s'exerce sur l'aile ; l'avion s'élève.

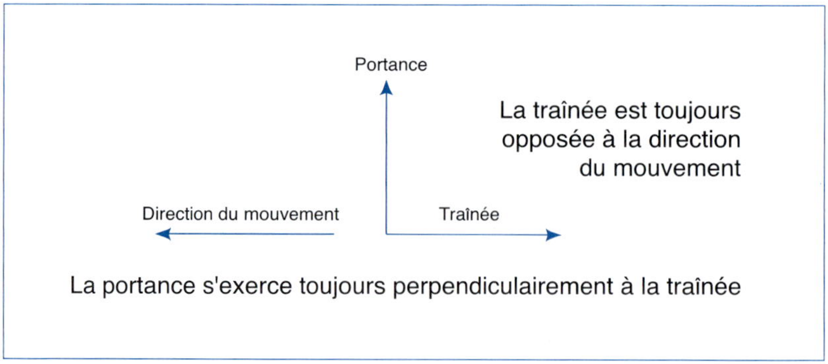

Cette force qui permet à l'avion de s'élever s'appelle **portance.**

– Son intensité est proportionnelle à la différence de pression,

– Elle est toujours perpendiculaire au sens du déplacement,

– La différence de pression varie avec l'angle d'attaque :

• Quand il est faible, l'écoulement laminaire est peu perturbé, la portance est faible.

• Quand il est trop important, la portance diminue ou disparaît avec des écoulements très perturbés.

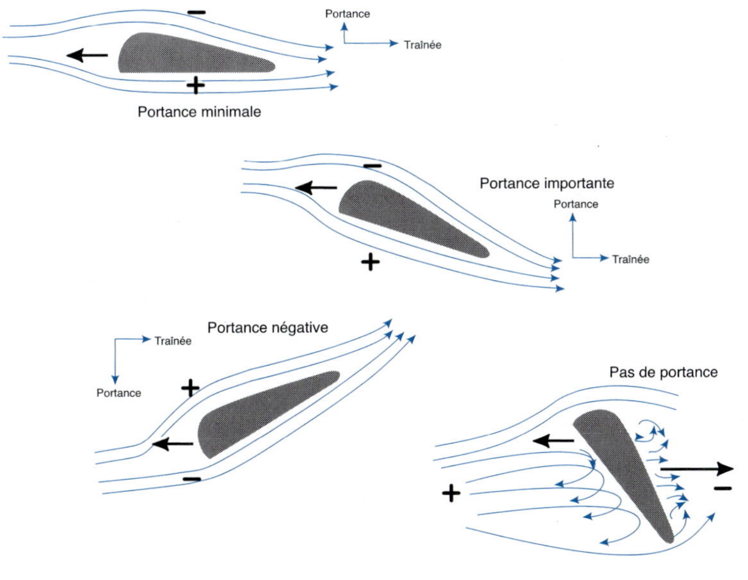

Influence de l'angle d'attaque sur la portance

Avec un bon angle d'attaque, la portance est élevée et les flux d'air qui sont déviés vers le bas vont l'augmenter du fait de la 3e loi de Newton puisque toute action provoque une réaction d'intensité égale et de sens opposé. La déflexion de l'air vers le bas provoque une réaction vers le haut.

2. Application au nageur

Les bras et les jambes, par le mouvement qu'ils induisent, sont le moteur du nageur, ses mains et ses pieds en sont les ailes.

Avec une bonne orientation de ses appuis, mouvements et angles d'attaque, la portance qu'il peut créer va lui permettre de se déplacer grâce à une composante propulsive qui devra être le mieux orientée possible pour le déplacement. Les sensations et le toucher de l'eau du nageur sont déterminants pour une bonne efficacité.

3. La force propulsive du nageur

1. Le profil des mains et des pieds de l'homme n'est pas sans rappeler celui de l'aile de l'avion.

a) Les bords d'attaque par les pouces sont aussi plus larges et plus arrondis que les bords de fuite des petits doigts.

b) Les dessus des mains et des pieds sont plus arrondis que les dessous. On peut, en outre, donner aux mains une forme arrondie plus accentuée qui pourra augmenter le système de pression/dépression par un écoulement laminaire plus important sur le dessus et ralenti dans les paumes.

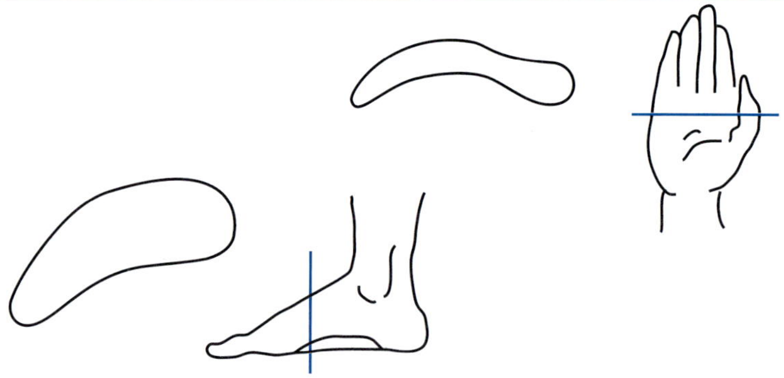

Coupe des mains et des pieds

2. La force de portance est créée par les écoulements laminaires induits par le déplacement des mains et des pieds qui rencontrent une eau inerte.

3. Un autre système de pression/dépression s'exerce également entre les bords d'attaque et de fuite des mains et des pieds :

– une zone de haute pression à l'avant,

– une zone de basse pression à l'arrière.

Une force orientée dans le sens opposé du déplacement des mains et des pieds agit. On appelle cette force **traînée** ;

la portance est toujours perpendiculaire à la traînée.

4. La force propulsive réelle sera la résultante des forces de portance et de traînée. Pour une meilleure efficacité, une bonne orientation de la résultante propulsive dans le sens du déplacement est indispensable. Elle dépendra du mouvement de balayage des bras et de la bonne orientation des angles d'attaque.

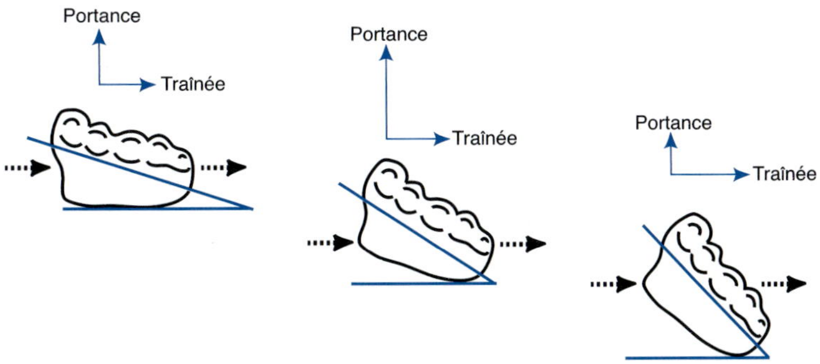

Influence des angles d'attaque sur la portance et la traînée

5. Dans le cas où la résultante des forces, de portance et de traînée, n'est pas bien orientée dans le sens du déplacement, la force propulsive en est proportionnellement réduite.

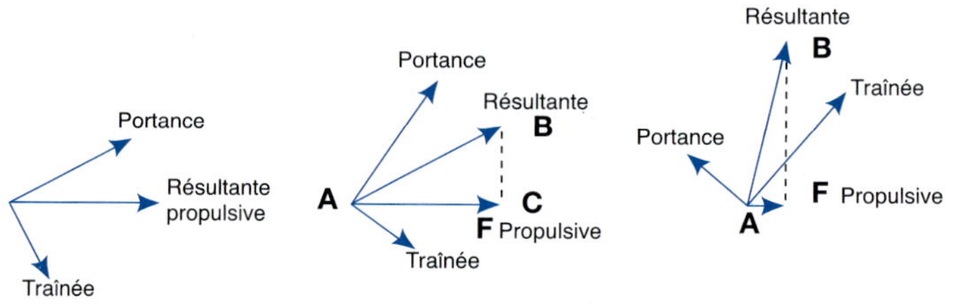

Résultante des forces de portance et de traînée, intérêt des angles d'attaque pour la force propulsive dans trois situations différentes

6. La force propulsive, qui s'applique sur les mains et les bras, permet le déplacement vers l'avant du corps, par rapport à ses appuis, grâce à la fixation des articulations des épaules, des coudes et des poignets.

Les bases techniques

La natation se pratique dans l'eau; ce n'est pas pour l'homme un milieu naturel. Un certain nombre de problèmes communs à toutes les techniques de nage vont se poser.

Il vous faut apprendre ou réviser un certain nombre de bases indispensables si vous souhaitez améliorer votre sécurité et avoir la possibilité de faire des progrès.

On ne court pas avant d'avoir appris à marcher, il en est de même dans l'eau.

La respiration est abordée en premier, puis la situation du corps dans l'eau, la position allongée, le redressement, les glissées et les coulées, le déplacement grâce aux battements de jambes; enfin, vous verrez les différentes techniques en passant par la première brasse.

La respiration et l'ouverture des yeux

La respiration doit être apprise, elle ne se pratique pas du tout de la même façon dans l'eau.

Dans notre milieu habitue, elle est automatique et inconsciente. Elle se compose d'une inspiration active et d'une expiration passive. Dans l'eau, c'est exactement le contraire.

ATTENTION

1. *L'expiration est active, l'inspiration est ensuite passive.*
2. *Pour pouvoir bien respirer, il faut d'abord souffler.*
3. *On se sert seulement de la bouche.*
4. *Il faut ouvrir les yeux.*

L'expiration se fait par la bouche (faire des bulles), quelques bulles peuvent se dégager du nez car celui-ci garde de l'air en légère surpression pour que l'eau ne puisse pas y entrer.

L'inspiration se fait ensuite exclusivement par la bouche quand celle-ci est dégagée de l'eau en fin d'expiration.

1. Apprendre chez soi

Qu'on sache flotter ou nager, une première brasse, l'indienne ou le petit chien, une première initiation à la respiration aquatique peut très facilement être faite à la maison, d'autant qu'il faut lui associer l'ouverture des yeux dans l'eau.

– Pour les enfants, s'ils n'ont pas eu d'expériences négatives, c'est un jeu.

– Pour les plus grands, qui ont peur de l'eau ou quelques craintes pour ouvrir les yeux, cette étape indispensable peut être facilement passée loin des regards.

Dans tous les cas, un bon entraînement à domicile ne sera pas inutile.

La respiration et l'ouverture des yeux résolues et maîtrisées, le passage en situation à la piscine en sera d'autant plus aisé.

A. Dans le lavabo

Il est plus facile de commencer dans un lavabo car le visage seul se trouve dans l'eau.

1. Avant de mettre la tête dans l'eau, pratiquez la respiration aquatique. Après une expiration active par la bouche, inspirez naturellement et toujours par la bouche.

2. En n'utilisant toujours que la bouche, pratiquez le même exercice en rentrant seulement le menton dans l'eau.

3. Faites le même exercice en mettant le visage dans l'eau, le plus près possible de la surface pour expirer ; relevez la tête en gardant le menton dans l'eau pour inspirer.

4. Allongez le temps de l'expiration, marquez un temps d'apnée de plus en plus long avant de relever la tête pour l'inspiration.

5. Profitez de ce temps d'apnée que vous maîtrisez pour ouvrir les yeux. Avec les enfants, montrez sous l'eau un nombre de doigts qu'ils doivent voir, ce qui les met dans l'obligation d'ouvrir les yeux.

6. Quand ces exercices sont bien maîtrisés avec les yeux tout le temps ouverts, il faut les réaliser avec une rotation de la tête sur le côté pour ne sortir que la bouche de l'eau en la tordant légèrement. La moitié du visage dont un œil restant dans l'eau.

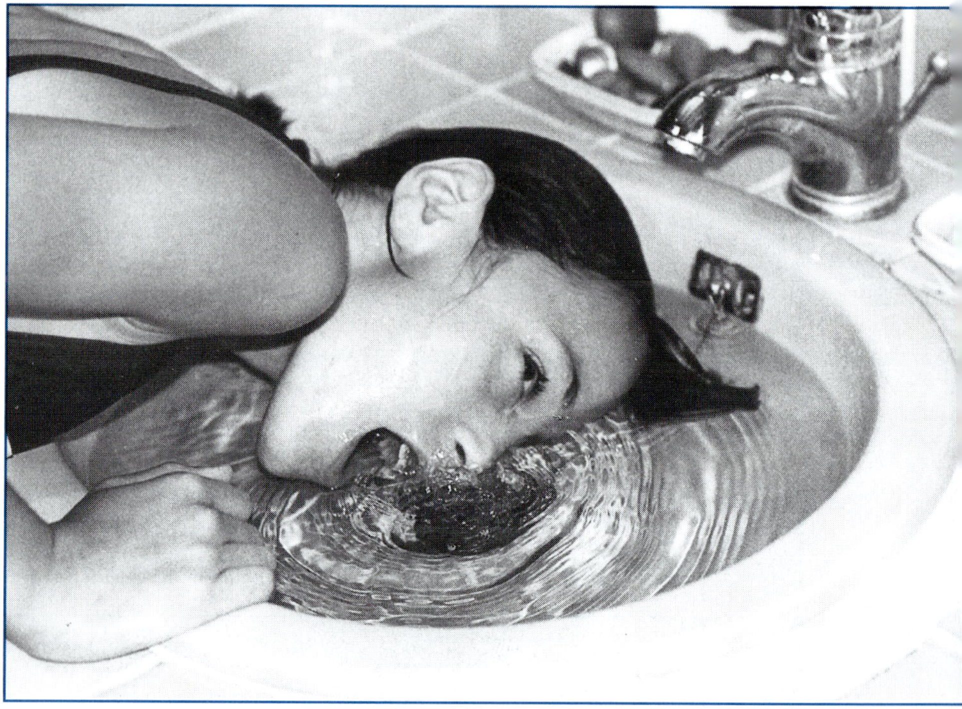

7. Changez le côté de la rotation, il faut dès le départ apprendre à respirer des deux côtés.

8. Pratiquez ensuite une rotation alternative, une respiration à droite puis une à gauche et ainsi de suite. Allongez le temps d'expiration et le temps d'apnée en gardant les yeux ouverts pour une parfaite maîtrise.

B. Dans la baignoire

Une fois la maîtrise parfaite obtenue dans le lavabo, pratiquez la même progression d'exercices mais allongé dans une baignoire.

La rotation de la tête se fait plus naturellement en étant allongé dans une position qui s'apparente à celle que vous devrez avoir en piscine.

Il ne faut pas avoir de pudeur, il ne faut pas hésiter à faire tous ces exercices à tout âge, particulièrement quand on a eu des expériences douloureuses avec l'eau. C'est le seul moyen qui vous permettra de résoudre votre crainte, votre appréhension ou votre peur.

C'est un jeu pour les enfants et un bon entraînement pour les plus grands.

2. À la piscine

La progressivité des exercices sera la même à la piscine. Dans la mesure où il existe un bassin d'apprentissage, c'est-à-dire un petit bassin séparé de la piscine proprement dite et de très faible profondeur, toutes les circonstances seront réunies pour que vous puissiez faire les exercices appris chez vous. À genoux dans un premier temps comme pour le lavabo, puis allongé dans un second temps comme dans la baignoire.

On se rendra ensuite dans la partie de la piscine où on a pied, ce qu'on devra faire tout de suite s'il n'y a pas de bassin d'apprentissage. On refera les différents exercices dans cette nouvelle situation. D'abord debout les pieds au fond, puis allongé en appui à la rigole ou au bord du bassin avec ou sans l'aide d'une ceinture de flottabilité.

Un grand pas sera alors fait dans la bonne direction lorsque l'ouverture des yeux et l'expiration dans l'eau seront bien assimilées. La grande appréhension et les premières craintes seront à ce moment-là résolues. Vous allez pouvoir maintenant, sans blocage ni inquiétudes, vous concentrer sur les autres objectifs à atteindre.

S'allonger et se redresser dans l'eau

Une autre différence avec notre milieu naturel concerne la position. C'est une position horizontale qui est recherchée dans l'eau alors qu'elle est verticale dans notre vie normale.

Le problème qui se pose à nous n'est pas tant de trouver une position horizontale dans l'eau, qui ne pose pas trop de difficultés quand on sait respirer et ouvrir ses yeux, mais la crainte inconsciente de ne pas pouvoir ensuite se redresser. C'est cette deuxième étape qu'il va nous falloir franchir. Dans la mesure du possible comme précédemment il faut procéder par étapes. Utilisez, s'il existe, le bassin d'apprentissage, puis/ou la partie de faible profondeur de la piscine, et suivant les cas, une ceinture d'apprentissage ou des bracelets de flottabilité pour les bras en fonction de votre niveau ou de vos inquiétudes.

Pour s'allonger sur le ventre ou sur le dos avec le plus de facilités, il faut allonger ses bras vers l'avant ou vers l'arrière. Pour vous aider, servez-vous d'une planche de natation, d'abord en mettant les bras dessus, puis en la tenant par le milieu avant de la prendre à bout de bras.

1. Comment se redresser quand on est allongé sur le ventre

Pour vous redresser quand vous êtes allongé, avec ou sans l'aide d'une planche, vous allez tranquillement et de manière simultanée :

1. Relever votre tête par le menton tout en pliant les jambes que vous ramenez les genoux vers le ventre.

2. Vous reprenez ainsi tranquillement appui au fond.

3. Il vous faut répéter l'exercice pour améliorer votre confiance jusqu'à ce que l'automatisme soit complet.

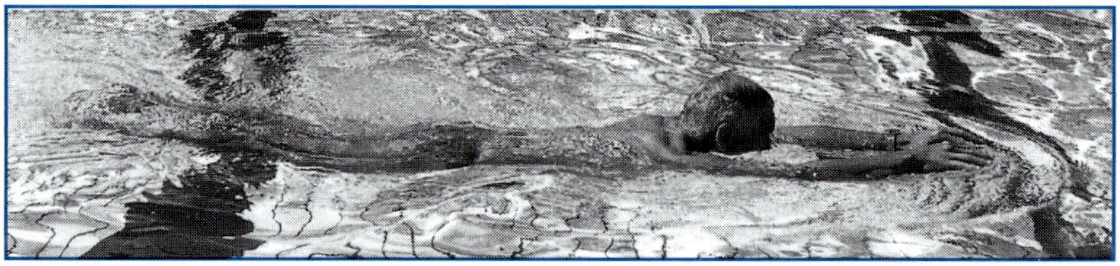

2. Comment s'allonger sur le ventre

Nous ne parlerons pas du bassin d'apprentissage où la prise de position se fera de la même manière que dans la baignoire, pour nous concentrer sur l'obtention de cette position à partir de la situation debout pieds au fond.

A. Les bras posés sur la planche

1. Les bras souples et relâchés sont posés sur la planche sans s'y appuyer, ce n'est pas un oreiller.

2. Vous poussez vos bras vers l'avant.

3. Vous prenez une profonde inspiration,

4. Vous vous inclinez pour vous allonger sur l'appui de vos bras sur la planche en rentrant le menton et la tête entre les bras.

5. Le visage, sans appréhension du fait de la parfaite maîtrise obtenue auparavant, va s'allonger dans l'eau, juste à la surface, sans s'enfoncer.

6. Ce mouvement vous amène à la surface. Les pieds quittent naturellement leurs appuis au fond pour s'élever.

7. L'ensemble du corps bien allongé, à plat sur l'eau, est complètement relâché.

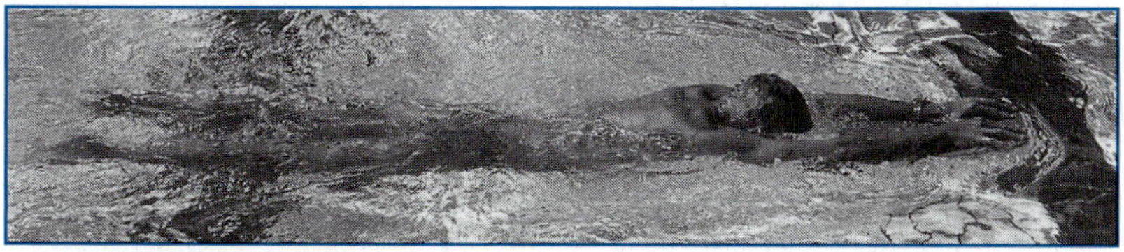

8. Vous avez les yeux ouverts et vous restez en blocage respiratoire pour conserver l'air.

9. Pour maintenir la position, il faut garder le menton rentré sur la poitrine et les bras bien allongés.

B. La planche tenue par le milieu

La planche est tenue par le milieu, les pouces sur le dessus, les doigts dans l'eau. Le mouvement est identique, l'appui des bras allongés sans raideur est souple, l'action de la tête est encore plus déterminante.

C. La planche tenue à bout de bras

C'est le dernier exercice qui va vous permettre ensuite de vous passer de la planche. L'action de la tête va conditionner la bonne exécution de l'exercice. Le relâchement et l'allonge des bras sont importants.

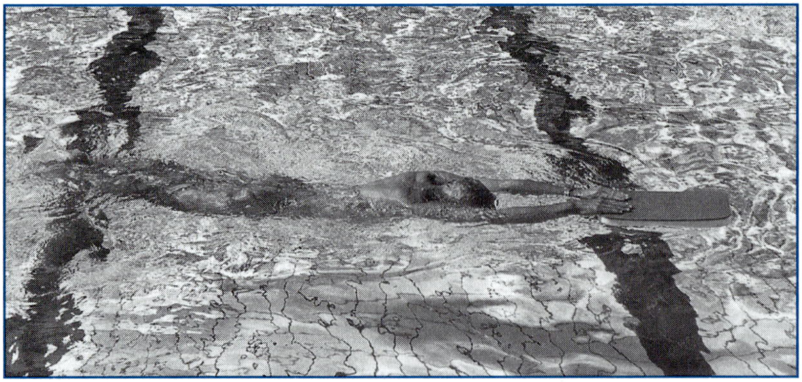

D. Sans la planche

Les bras sont allongés en souplesse à la surface de l'eau. Les mains qui se touchent doivent maintenir l'appui tout en s'étirant vers l'avant. Le rôle de la tête et du menton contre la poitrine déclenche le mouvement puis permet de trouver et maintenir la position.

3. Comment se redresser quand on est allongé sur le dos

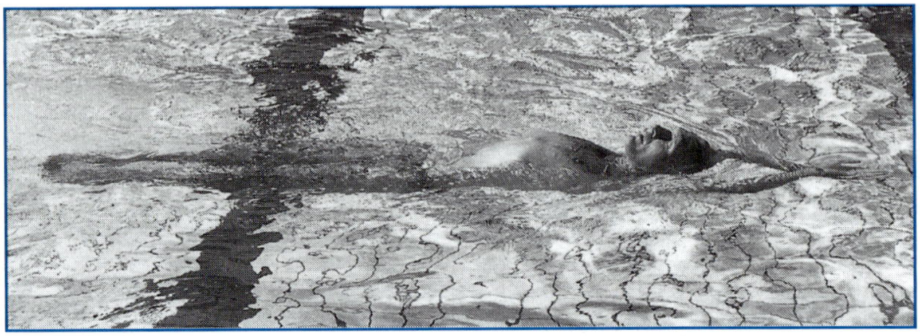

Pour revenir à la position verticale, il vous faut simultanément :

– ramener le menton contre la poitrine pour redresser la tête,

– plier les jambes en ramenant les genoux vers le ventre,

– ramener vos bras le long du corps.

Il peut être amusant de passer d'une position dorsale à une position ventrale, il suffit pour cela de se servir de sa tête dans la continuité du mouvement de redressement tout en replaçant ses bras vers l'avant et vice versa. Un jeu amusant et fort utile pour la suite dans la mesure où il vous fait prendre conscience du rôle primordial que peut prendre la tête dans la position du corps dans l'eau.

Un autre exercice consiste à passer de la position ventrale à la position dorsale par une rotation de la tête.

4. Comment s'allonger sur le dos

Le principe reste le même, la difficulté réside dans le fait qu'il va falloir aller vers l'arrière sans point de repère visuel. L'exercice, comme pour l'allongement sur le ventre, est d'abord fait à l'aide d'une planche puis sans.

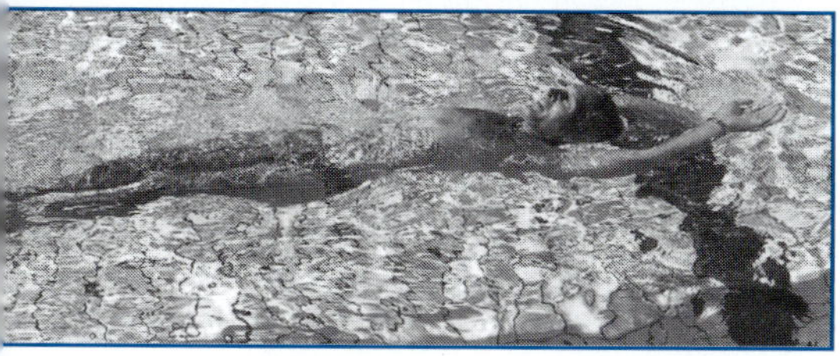

1. Debout, les bras allongés derrière la tête, les pieds en appui au fond du bassin.

2. Vous vous inclinez vers l'arrière pour vous allonger tout en allongeant également dans le même temps les bras vers l'arrière à la surface de l'eau.

3. Le mouvement qui part de la tête par une extension progressive du menton vous permet d'aller regarder le plafond.

4. Les bras continuent de s'allonger sans se tendre ni se crisper.

5. La tête se place entre les bras, les mains étant toujours en contact.

6. Le mouvement vous permet de remonter le ventre et les fesses, vos pieds quittent l'appui du fond pour venir tranquillement vers la surface.

7. Le nombril fait face au plafond.

8. Pour maintenir facilement la position, il vous faut :
– garder votre tête allongée,
– bien dégager le menton,
– regarder vers le haut,
– garder vos bras allongés sans raideur.

Les battements au bord du bassin

Par jeu il est utile de commencer à apprendre le battement de jambes. En appui au bord du bassin, vous vous allongez à la surface de l'eau en vous repoussant des mains. Faites des battements de jambes en y associant la respiration :

a) Jambes tendues, souples et relâchées, sans flexion des genoux,

b) de petite amplitude et rapide.

Ce battement va vous réchauffer si vous en avez besoin et vous permettre de sentir une action de propulsion.

Il peut se faire également dans le bassin d'apprentissage, les mains en appui au fond de l'eau ou sur des marches d'escalier.

Les battements peuvent se faire sur le ventre et sur le dos.

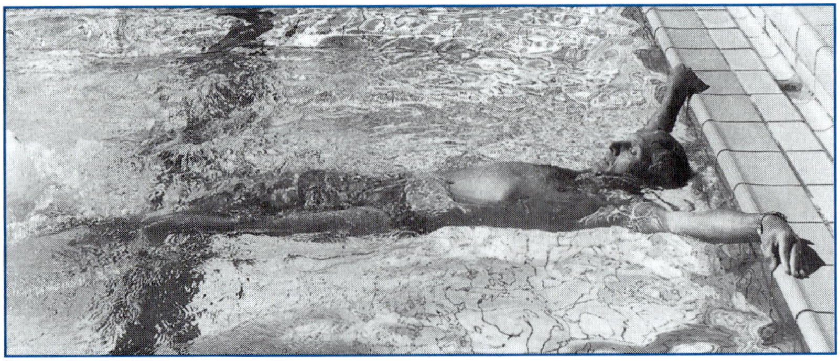

La glissée

Vous savez vous allonger et vous redresser, vous allez maintenant apprendre à glisser à la surface.

1. La glissée ventrale avec l'aide d'une planche

Il est de nos jours facile de se procurer une planche de battement. On peut en acheter ou s'en faire prêter une. Comment utiliser la planche :

1. La planche sert d'appui aux bras ou aux mains, ce n'est en aucun cas un oreiller, elle ne peut à elle seule vous porter. L'appui doit servir de fixation et être le plus léger possible.

2. Les mains dans le prolongement des bras sont posées dessus, il ne faut pas s'y accrocher.

A. Les bras sur la planche

1. Position : une main accrochée au bord, le corps sur le côté, jambes pliées, un bras allongé sur la planche, souple et relâché.

2. Poussez au mur avec les jambes pour vous allonger à la surface en ramenant le bras sur la planche et en plaçant le visage vers l'avant, le menton dans l'eau.

3. Glissez à la surface de l'eau en maintenant la position grâce à la vitesse de glisse et à la position de la tête. Le corps est allongé, les jambes sont serrées sans tension.

4. Maintenez la position jusqu'à ce que la vitesse de déplacement devienne nulle.

5. Redressez-vous comme nous l'avons vu plus haut et revenez vers le bord en battements ou en ciseau de brasse.

B. Les avant-bras sur la planche

La démarche est la même, les mains et la moitié des avant-bras seulement sont posées sur la planche. Cet exercice vous amène progressivement à la glissée sans planche.

1. Cette utilisation de la planche permet de mettre le visage dans l'eau et facilite ainsi la position horizontale.

2. Pendant la glisse, faites un ou deux cycles respiratoires avec une respiration latérale.

3. Changez le côté de la respiration, une fois à droite, l'autre à gauche…

C. La planche tenue à bout de bras

La planche est tenue par les mains, doigts sur le dessus, pouces dans l'eau. C'est la dernière étape avant de passer à la glissée sans planche. Les mains sont juste en appui sur la planche, c'est un point de fixation, en aucun cas un support. Cherchez le relâchement, l'allonge et la glisse, en y associant la respiration.

2. La glissée ventrale sans la planche

La planche est remplacée par la main qui est en appui sur l'eau.

1. La position de départ au mur est identique.

2. Sur la poussée des jambes au mur, le bras est ramené vers l'avant pour rejoindre le bras en appui jusqu'à ce que les mains se touchent.

3. Attention, sur la poussée des jambes, à ne pas appuyer sur la main et le bras en appui sur l'eau pendant le ramener de l'autre bras.

4. C'est la vitesse de déplacement du corps induite par la poussée des jambes qui permet de glisser à la surface sans s'enfoncer dans l'eau.

5. La tête, sans la gêne que pouvait provoquer la planche, peut venir se placer dans l'axe du corps à la surface, visage dans l'eau, les oreilles dégagées.

6. Cette position facilite la vitesse et la glisse. La distance qui peut être parcourue est plus importante. Il faut apprendre à l'allonger. On en profite pour faire une ou deux respirations.

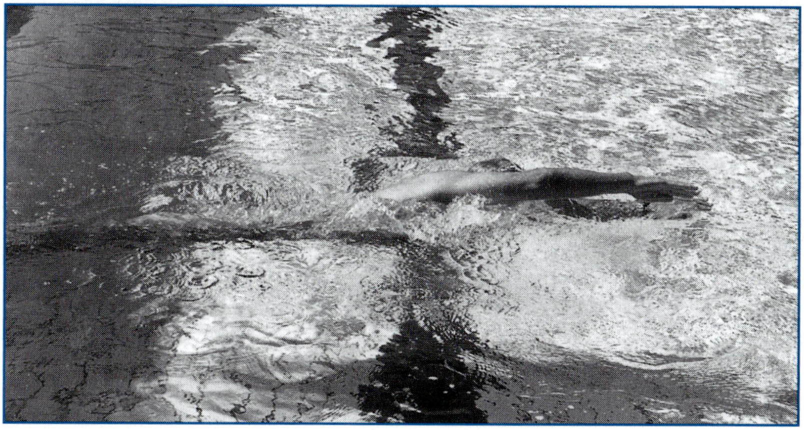

3. La glissée dorsale avec la planche

Le principe de progression pour la glissée dorsale reste le même que pour la glissée ventrale.

Seule la position de départ va changer puisqu'il faut être sur le dos. Dans cette position, on prend la planche par le bout en la tenant par la main entre le pouce et les doigts ; les doigts sont dans l'eau et le pouce sur la planche.

L'allongement vers l'arrière qui est déjà acquis, facilite la réalisation de cet exercice.

1. La planche sert ici surtout de point de repère vis à vis de la surface de l'eau. Elle évite aux bras de s'enfoncer ou de rester hors de l'eau.

2. Le bras qui tient le bord est ramené vers la planche grâce :
– à la poussée des jambes,
– à l'action de la tête qui s'étend vers l'arrière pour revenir dans l'axe du corps,
– au regard qui s'oriente vers le plafond de la piscine.

3. Vous devez rechercher la meilleure allonge tout en étant relâché.

4. Pensez à bien allonger votre tête dans l'axe du corps, nuque et oreilles dans l'eau, le visage à la surface.

5. Ayez également la volonté de dégager le nombril de l'eau pour que le ventre et les fesses soient bien ramenés en surface.

6. Les jambes qui se touchent, allongées à la surface, sont relâchées.

7. Profitez de la glisse pour sentir l'importance du rôle des poumons et de la poitrine dans la flottabilité.

4. La glissée dorsale sans planche

Le passage à la glissée sans planche est maintenant très facile. L'exercice est plus aisé, la planche ne gêne pas le mouvement. Le relâchement travaillé auparavant avec la planche nous évite le risque d'un enfoncement préjudiciable des mains et des bras sous la surface.

1. Après la poussée au mur, les mains viennent se placer l'une sur l'autre, les bras sont allongés, tendus sans être raides.

2. La tête se place naturellement entre les bras.

3. Seul le visage est à la surface.

4. Les oreilles sont immergées.

5. Travaillez la glisse et la position le plus à plat possible.

6. Dégagez le nombril pour ramener les fesses vers la surface afin de ne pas être assis dans l'eau.

La coulée

La coulée est identique à la glissée si ce n'est que l'exercice (de la poussée au mur à la fin de la glisse), se fait sous l'eau au lieu de se faire à la surface.

1. Dans les deux cas des coulée ventrale et dorsales, il faut lâcher le mur, se laisser aller sous l'eau et trouver la bonne position avant de pousser au mur.

2. Sentez et trouvez la bonne position qui vous permettra de glisser parallèlement à la surface, ni trop près ni trop profond.

3. Le corps descend sous l'eau pour venir se placer au niveau de l'appui des pieds.

4. L'alignement du corps parallèlement à la surface avant la poussée est important.

5. La tête doit être dans le même alignement que les pieds. Dans le cas où les pieds sont plus bas que la tête, la poussée vous fait sortir immédiatement de l'eau. Quand ils sont plus haut, la poussée au mur vous envoie vers le fond du bassin.

6. La poussée au mur est maintenant possible, la glisse a lieu sous l'eau et le retour vers la surface se fait ensuite naturellement grâce à la poussée d'Archimède.

RÉSUMÉ

Nous pouvons dégager trois parties dans une coulée :

1) L'enfoncement sous la surface pour bien se placer pour la poussée.

2) La poussée et la glisse sous l'eau.

3) Le retour à la surface.

1. La coulée ventrale

C'est en étant légèrement sur le côté, que la position de départ est la meilleure.

A. L'enfoncement sous la surface pour bien se placer pour la poussée

1. En lâchant le bord, la main et le bras vont, sans que les pieds poussent au mur, faire un mouvement semi-circulaire dans un plan vertical avec une flexion du coude.

2. Ce mouvement qui entraîne la tête est lié à la volonté de s'enfoncer sous l'eau. Il permet aux bras de se rejoindre sous la surface.

3. Les mains se placent l'une sur l'autre, les bras sont allongés vers l'avant, le corps est aligné parallèlement à la surface, la tête est au même niveau que les pieds sans que ceux-ci n'aient exercé encore de pression au mur.

4. Le corps, toujours légèrement sur le côté, est plus à plat. Il se trouve sur un axe qui passe entre les deux pieds, la colonne vertébrale, le cou et la tête.

5. Il faut apprendre à trouver cette position qui doit être parfaite pour que la suite de la coulée soit bonne. Pour cela :

– il faut marquer un temps d'arrêt sous l'eau dans la bonne position sans pousser au mur,

– réaliser parfaitement cette première partie en trouvant à chaque fois une parfaite position sous l'eau,

– il faut prendre son temps et recommencer aussi souvent que cela est nécessaire.

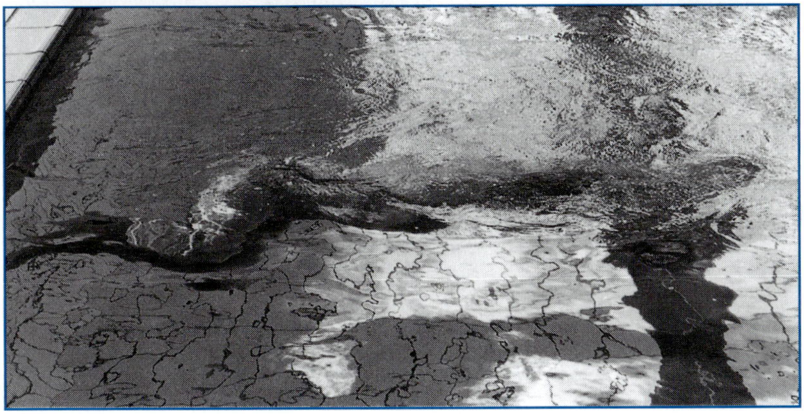

B. La poussée et la glisse sous l'eau

Cette deuxième partie est plus facile à réaliser que dans la glissée.

1. On se trouve sous l'eau, ce qui n'est pas un problème si nous avons pris notre temps précédemment pour résoudre toutes nos craintes.

2. Nous sommes dans une bonne position, les bras allongés, les mains l'une sur l'autre.

3. Il ne nous reste plus qu'à pousser sur les jambes pour bien nous allonger, en tension mais sans raideur pour glisser longuement sous l'eau parallèlement à la surface.

4. Sous l'eau nous rencontrons moins de résistances qu'à la surface. Pas de remous, pas de vagues, nous sommes complètement dans un milieu et non pas à la limite de deux. L'eau va pouvoir glisser sans problèmes et sans résistances de part et d'autre de notre corps.

5. La poussée des pieds se termine par une extension des doigts de pieds pour bien fouetter et accélérer le mouvement.

6. Le corps est maintenu sur un même axe, de la tête à la pointe des pieds en passant par le cou, le dos et les jambes. Cette position durant la glisse est déterminante pour la conservation de la vitesse, donc pour la longueur de la coulée. Par une rotation de la tête sur son axe, on se remet sur le ventre.

7. La tête doit rester sur son axe et entre les bras durant toute la glisse.

8. Avec une vitesse de déplacement sous l'eau importante, un mouvement de la tête peut changer l'orientation de la coulée :

– en la relevant, on remonte plus ou moins brutalement vers la surface,

– en la rentrant, le menton contre la poitrine, on va vers le fond.

C. Le retour à la surface

La poussée d'Archimède nous ramène tranquillement et sans effort vers la surface quand on commence à perdre de la vitesse…

2. La coulée dorsale

Les grandes règles que nous venons de voir pour la coulée ventrale s'appliquent aussi à la coulée dorsale. C'est en étant sur le dos, légèrement sur le côté, que la position de départ est la meilleure.

A. L'enfoncement sous la surface pour bien se placer pour la poussée

C'est exactement le même mouvement que pour la coulée ventrale qui est utilisé si ce n'est qu'on se met sur le dos au lieu de se mettre sur le ventre.

1. Si la tête accompagne le mouvement, elle n'est pas entraînée par le bras.

2. Elle vient se placer dans l'axe du corps entre les deux bras.

3. Les mains se placent l'une sur l'autre.

4. La position du corps sur le dos sous l'eau est la même que pour la coulée ventrale, elle doit respecter les mêmes impératifs.

B. La poussée et la glisse sous l'eau

1. Sur le dos, le corps bien aligné, la poussée des jambes au mur est similaire à celle sur le ventre.

2. Attention à ne pas trop vous cambrer et à ne pas redresser la tête pendant la poussée et la glisse.

3. Restez en inspiration bloquée. Gardez une petite surpression d'air dans le nez afin que l'eau n'y entre pas. Quelques bulles d'air en sortiront.

4. Attention à la position de votre tête qui pourra, comme nous l'avons vu plus haut, changer l'inclinaison de votre coulée avec toutes les répercussions qui en seront induites.

C. Le retour à la surface

Le retour vers la surface se fait naturellement quand la vitesse se ralentit.

– Ne pas redresser la tête pour sortir le visage de l'eau.

– Il ne faut pas non plus, en fin de coulée, la cambrer vers l'arrière.

Le battement de jambes sur le ventre

Vous soufflez dans l'eau sans problèmes, vous ouvrez vos yeux sans craintes, vous savez vous allonger sur le ventre, sur le dos, glisser à la surface avec ou sans planche, vous redresser et faire des coulées.

Vous avez également fait des battements de jambes en appui au bord.

Les faire avec une planche ne sera pas un problème. Vous en avez déjà certainement fait, tout à fait naturellement, pour essayer de revenir au bord après les glissées et les coulées. Pas de problèmes donc, mais attention, il faut toujours faire les battements :

1. Jambes tendues, souples et relâchées, sans flexion des genoux.

2. Avec une petite amplitude mais assez rapidement.

3. En gardant le menton dans l'eau pour une bonne position horizontale.

4. Profitez-en pour expirer dans l'eau.

5. Il faut progressivement augmenter les distances et améliorer sa condition physique.

6. Quand vous maîtrisez le battement avec la planche, les bras posés dessus, faites-le ensuite en tenant la planche par les mains à bout de bras.

7. Puis sans la planche, les bras allongés sur l'eau.

8. Puis un bras devant, l'autre le long du corps, alternativement des deux côtés, en y associant toujours la respiration.

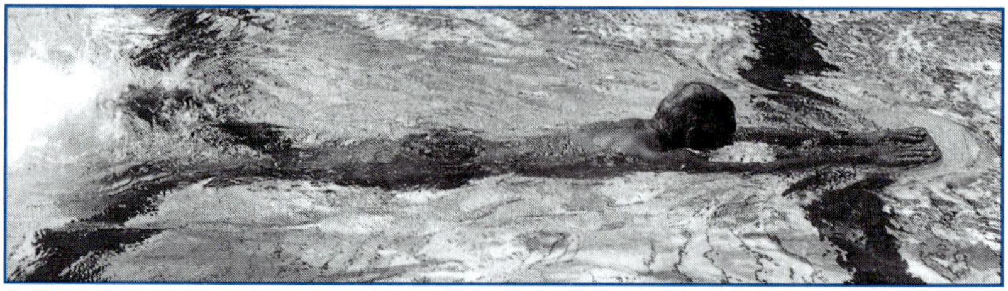

Le battement de jambes sur le dos

À partir de la glissée ou de la coulée sur le dos avec ou sans la planche, les battements sont faits :

1. Jambes tendues sans flexion des genoux.

2. Les pointes des pieds allongées.

3. Le mouvement part des hanches, on peut donner l'image du shoot dans un ballon sans flexion excessive des genoux.

4. Le mouvement est de faible amplitude, rythmé et rapide.

5. L'eau dégagée à la surface par les battements est poussée vers l'arrière.

Pour une bonne exécution du battement de dos, il faut respecter les principes appris pour le maintien d'une bonne position horizontale :
– la tête et le cou à l'horizontale, à la surface, dans l'axe du corps, le visage seul dégagé de l'eau, les oreilles immergées,
– le regard fixé vers le haut et le plafond,
– le ventre et les fesses dégagés vers la surface pour ne pas être assis,
– le nombril dégagé de l'eau,
– les bras bien étirés vers l'arrière pour dégager la poitrine.

La première brasse

La brasse présente la particularité d'être la technique de nage la plus simple pour le débutant et la plus complexe pour le nageur de haut niveau. La brasse du débutant :
– permet de se déplacer sur l'eau facilement grâce à un ciseau de jambes qui est facile à apprendre,
– présente l'avantage d'avoir un mouvement de bras, réduit à sa plus simple expression, qui peut être vu et contrôlé facilement,
– enfin elle permet, ce qui n'est pas conseillé, de maintenir les voies respiratoires hors de l'eau.

Cette dernière caractéristique est à la fois la plus recherchée et malheureusement surtout la plus dangereuse car elle peut laisser croire à une bonne maîtrise de l'eau alors que le danger n'a jamais été aussi proche.

C'est malheureusement la technique d'initiation la plus utilisée parce que le résultat est rapide.

Attention à ne pas négliger, dans le même temps, une bonne accoutumance à l'eau. Cette accoutumance passe impérativement, ce que nous venons de voir ci-dessus, par une bonne maîtrise respiratoire et une bonne perception de sa situation dans l'espace aquatique.

Au plus haut niveau, cette technique évolue pour n'avoir que de lointains rapports avec celle du débutant. Elle est très technique et demande beaucoup d'expérience pour être parfaitement réalisée. Elle présente la particularité d'être la seule nage dont les phases propulsives sont très réduites. Les phases de retour des bras et des jambes se font sous la surface de l'eau, elles offrent de grandes résistances à l'avancement.

Nous allons dans cette partie aborder la technique du débutant. Dans les autres chapitres nous verrons comment la faire évoluer vers une technique sportive.

Le mouvement des jambes

Le mouvement des jambes, autrement appelé ciseau, est simple à apprendre. Il est très facilement propulsif avec la planche qui facilite la flottabilité. Ce n'est qu'après une bonne maîtrise et un bon entraînement qu'on abordera le mouvement des bras. On commence la découverte et l'apprentissage des mouvements au bord du bassin. On peut les voir et les contrôler; il en sera de même sous certaines conditions dans l'eau.

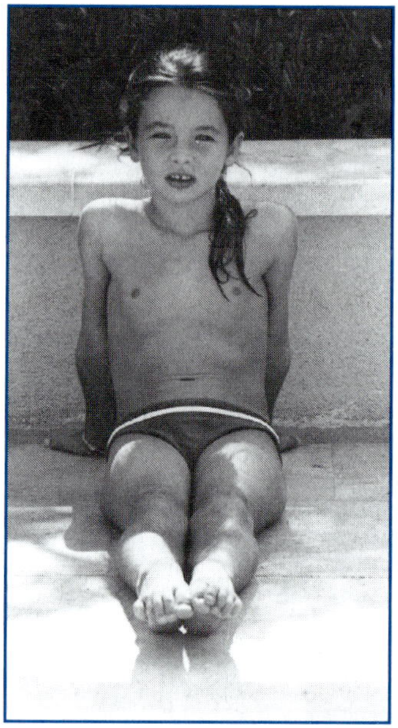

1. À sec

Assis, les jambes allongées se touchent, le buste est légèrement incliné vers l'arrière soutenu par les bras en appui au sol.

Le mouvement simultané se compose de trois parties qui s'enchaînent les unes aux autres en accélération. On marque un temps d'arrêt dans la position allongée, jambes serrées, pour profiter de la glisse induite par le ciseau.

a) Les talons sont ramenés vers les fesses en se touchant. Les pointes des pieds sont tirées vers l'extérieur comme les genoux qui sont bien écartés.

b) Les jambes vont s'écarter en poussant les talons et les plantes des pieds vers l'extérieur. Les pointes des pieds restent bien tirées et écartées.

c) Les jambes se resserrent, les pointes des pieds s'allongent.

Reproduire plusieurs fois le mouvement pour bien l'assimiler. Attention à la pointe des pieds. Quand vous êtes capable de le faire facilement sans réflexion, dans un bon rythme, en marquant un léger temps d'arrêt jambes allongées, vous pouvez aller dans l'eau.

2. Dans l'eau

La progression va se dérouler en trois phases, les deux premières en appui au bord du bassin, la troisième avec une planche. Vous pouvez utiliser une ceinture de natation suivant votre niveau d'aisance.

A. En appui au mur sur le dos

1. Les épaules contre le mur, les bras en appui sont écartés.

2. Remontez vos jambes vers la surface.

3. Faites le mouvement, en le contrôlant.

4. Attention, écartez bien vos pointes de pieds pendant les deux premières phases, et allongez-les bien dans la troisième.

5. Sentez bien les différentes actions et leurs répercussions tout en travaillant le rythme du mouvement avec un temps d'arrêt entre les cycles.

6. Passez rapidement sur le ventre.

B. En appui au mur sur le ventre

1. Allongez-vous à la surface de l'eau en vous repoussant du mur avec les bras, tout en rentrant le menton dans l'eau pour faciliter la position. Attention à ne pas utiliser pour se mettre à l'horizontale et s'y maintenir, une main en appui au mur sous l'eau et l'autre en surface. Si la position est plus facile ainsi, le ciseau lui va se faire dans des plans différents avec un genou en surface et l'autre en profondeur. Ce défaut est ensuite difficile à corriger.

2. Faites votre mouvement en faisant toujours attention à vos pointes de pieds et à votre rythme. Marquez le temps d'arrêt jambes allongées.

3. Ne restez pas sur cet exercice, passez rapidement à la planche.

C. Avec une planche

Dès qu'on utilise la planche, il faut y associer la respiration.

1. Les bras sur la planche

a) Il faut faire un grand nombre de longueurs de bassin en se faisant contrôler par un parent ou un ami pour faire un bon mouvement et avoir une bonne propulsion.

b) La répétition des longueurs avec une pose de récupération courte de 10 à 15 secondes vous permettra d'automatiser le mouvement.

c) Vous commencez ainsi à développer votre condition physique et votre niveau d'entraînement.

d) Améliorez votre rythme, votre cadence et votre efficacité.

e) Adaptez le temps d'arrêt entre chaque mouvement à l'efficacité de votre ciseau pour profiter pleinement de la glisse qui dépend de la vitesse induite par le ciseau.

f) Soufflez tranquillement dans l'eau à chaque action de jambe.

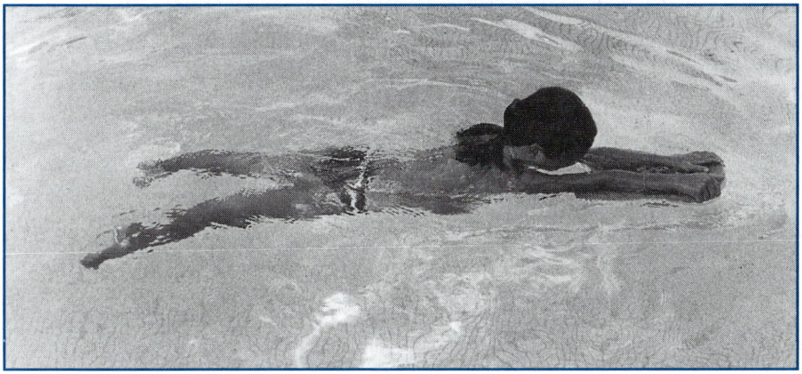

2. La planche à bout de bras

En prenant la planche par le milieu ou à bout de bras, la respiration normale est plus facile. L'action de la tête est plus importante, vous percevez plus facilement son rôle.

a) Redressez la tête, en gardant le menton dans l'eau, pour inspirer par la bouche dans la première partie du mouvement.

b) Commencez à remettre la tête dans l'eau en écartant les jambes.

c) Restez en blocage inspiratoire, tête dans l'eau, yeux ouverts, pendant la fin de la deuxième partie et pendant la troisième.

d) Commencez à souffler lentement, puis de plus en plus profondément, du début à la fin du temps de glisse, pour terminer par une expiration forcée en redressant la tête sur le début du retour.

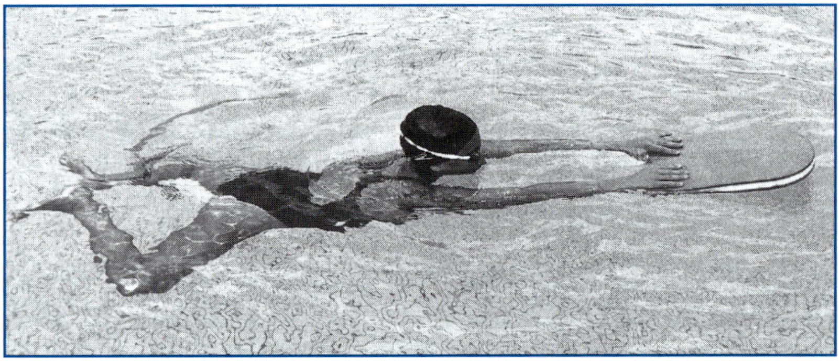

3. Sans planche, les bras allongés devant

Les bras souples, en appui sur l'eau, remplacent la planche.

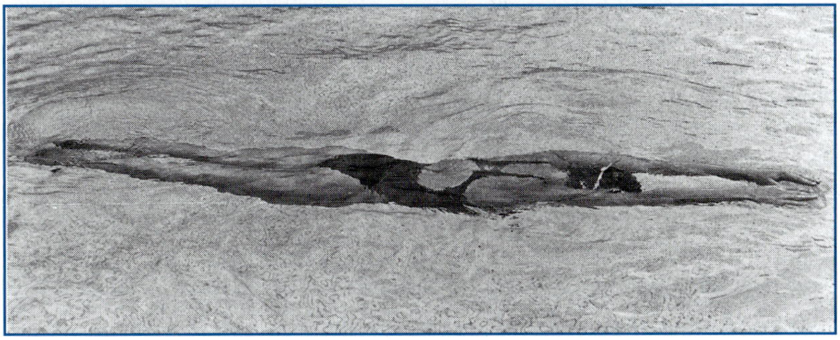

3. Un programme de préparation pour le ciseau de brasse

1. Débutez si possible par des traversées de piscine.

2. Pour chaque exercice vous commencez par des répétitions d'une largeur ou d'une longueur avec un temps de récupération de 30 secondes.

3. Quand le mouvement est bien exécuté, passez à 2 largeurs/longueurs avec 10 à 15 secondes de pause entre chaque. Prenez 30 secondes de récupération et recommencez ainsi de suite jusqu'à 5 ou 6 longueurs. Il sera ensuite temps de passer à un exercice plus difficile.

4. À chaque séance on fait une révision des exercices précédents pour se concentrer sur le dernier acquis.

5. Quand le niveau de maîtrise et d'entraînement est suffisant, ce que vous sentirez rapidement, il sera temps de passer à l'apprentissage des bras.

ATTENTION

Le travail des jambes reste un exercice d'entraînement important pour la condition physique. Il doit en permanence être renforcé et développé tout au long des séances, des mois et des années, comme c'est le cas pour les sportifs et pour les athlètes de haut niveau.

Avant de passer aux bras, vous pouvez vous amuser à essayer de faire des jambes sans l'appui de la planche, bras et mains allongés à la surface.

Le mouvement des bras et des jambes

Le mouvement des bras sert surtout à ne pas trop s'enfoncer et à redresser la tête pour la respiration. Il sert aussi au retour et au placement des jambes pour la partie propulsive du ciseau. Il n'est pas trop efficace chez le débutant.

Le mouvement se décompose aussi en trois parties à partir de la position initiale, bras allongés vers l'avant, mains serrées.

1. Les bras s'écartent horizontalement vers l'extérieur à la suite des mains dont les paumes sont orientées vers l'extérieur et le bas, presque jusqu'au niveau des épaules.

2. Ils sont ensuite regroupés contre et sous la poitrine, par une rotation et un retour des mains devant le menton qui entraînent les avant-bras et les bras.

3. Les jambes s'allongent horizontalement vers l'extérieur sur la première partie du retour des bras.

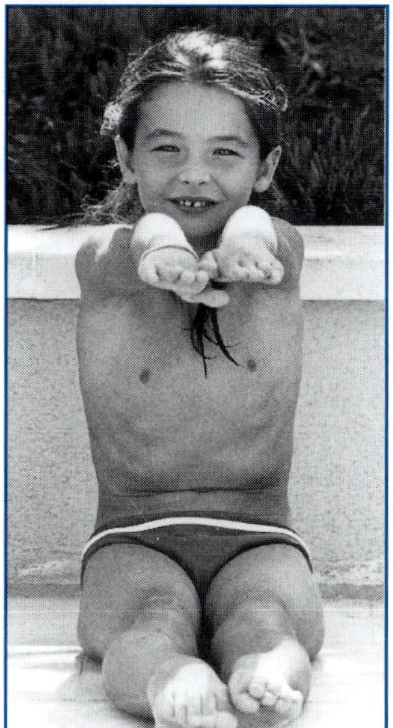

4. Les mains sont allongées vers l'avant sur la poussée des coudes et des avant-bras entraînant l'allonge des bras. Cette allonge des bras se fait sur le resserrement des jambes et sur la glisse vers l'avant.

La partie efficace du mouvement est la première, la deuxième y participe également chez les bons nageurs. Attention à ne pas offrir trop de résistance en repoussant l'eau dans la dernière partie qui se fait dans un sens opposé au déplacement.

La coordination

Il y a une interaction de chacune des trois phases des jambes et des bras associée à la glisse pour une bonne continuité de la nage :

1. À la fin de la glisse, jambes et bras allongés, les mains qui sont en appui sur l'eau se tournent vers l'extérieur.

2. Les bras et les mains s'écartent vers l'extérieur, horizontalement sous la surface de l'eau, pour déplacer l'ensemble du corps vers l'avant.

3. Les jambes sont ramenées à la fin de l'écartement des bras et pendant le retour vers la poitrine.

4. Elles commencent à s'écarter à la fin du retour des bras et pendant la première partie du retour vers l'avant.

5. Elles se resserrent sur la fin du retour des bras vers l'avant et au début de la phase de glisse ; cette dernière est ensuite maintenue pour profiter de la vitesse induite par le ciseau des jambes.

ATTENTION

Le mouvement des bras dans l'eau se fait sans trop de problèmes sur le support de l'action des jambes. Il faut cependant faire attention :

1. à le commencer à partir de l'action des jambes,

2. à ne pas négliger les temps de glisse,

3. à ne pas précipiter les mouvements,

4. à bien écarter les bras,

5. à bien grouper les bras contre et sous la poitrine,

6. à pousser les mains le plus loin possible pour bien se replacer à plat.

Organisation d'un programme pour nager la première brasse

1. Les principes

a) Pour une bonne progression, il faut agir par étapes sans vouloir en sauter.

b) Quel que soit votre niveau (maîtrise de la flottabilité, pratique d'une nage de débutant, utilisation nécessaire ou non d'une ceinture de flottabilité) il est indispensable de ne pas négliger un bon départ, la respiration, les bases communes etc. qui seront le gage ensuite de réussites dont vous ne pouvez rêver aujourd'hui.

c) Suivant votre niveau, votre confiance ou vos craintes, vous pouvez commencer avec une ceinture dont vous réduirez progressivement le nombre des bouchons jusqu'à l'enlever complètement.

d) Il est indispensable de passer par chacune des étapes que nous allons voir. Avec ou sans ceinture, le programme est le même.

e) Il faut maîtriser un exercice avant de passer au suivant.

2. Organisation de la séance de piscine

a) La moitié de la séance est consacrée à la reprise des exercices précédents, pour les réviser et les renforcer.

b) La deuxième partie concerne l'apprentissage des difficultés suivantes.

c) Quelques minutes sont nécessaires à la fin pour une découverte de l'exercice qui fera l'objet de la prochaine séance.

d) Une petite détente pour tous, mais pour les enfants particulièrement, n'est pas de trop si l'on dispose d'un peu de temps.

3. Une progression de séances

Pour vous aider, sachant que chacun doit évoluer à son rythme, voici trois programmes repères qui doivent marquer les étapes de votre progression.

Suivant les cas, un nombre plus ou moins important de séances sera nécessaire.

Le nombre des répétitions représente un objectif à atteindre pour s'initier au niveau supérieur, il ne doit pas être une limite ; il est utile d'en augmenter progressivement le volume pour renforcer la technique et les automatismes en liaison avec le niveau d'entraînement.

1er objectif : la maîtrise des jambes
1. Échauffement à sec : ***5 minutes***
2. Dans l'eau, rappel des bases : ***5 minutes***
3. Glissées, coulées et battements sur le ventre, sur le dos : ***15 minutes***
4. À sec, apprentissage du mouvement des jambes : ***5 minutes***
5. Dans l'eau, accroché au bord, ciseaux de jambes : ***2 minutes***
6. Ciseaux de jambes avec la planche : ***15 minutes***
7. Ciseaux de jambes, planche à bout de bras + respiration : ***15 minutes***
8. Détente

2e objectif : la maîtrise des bras

1. Échauffement à sec :
5 minutes

2. Échauffement dans l'eau et révision des bases :
5 minutes

3. Ciseaux de jambes avec planche :
8 x 25 m (avec 15 secondes de récupération)

4. Ciseaux de jambes, planche à bout de bras + respiration :
6 x 25 m (avec 15 secondes de récupération)

5. À sec, apprentissage du mouvement de bras et de la coordination : *5 minutes*

6. Dans l'eau, apprentissage des sensations des bras et de la nage :
1 à 2 x 25 m

7. Détente

3e objectif : la maîtrise de la brasse

1. Échauffement à sec :
5 minutes

2. Échauffement dans l'eau et révision des bases :
5 minutes

3. Ciseaux de jambes avec planche :
12 x 25 m (avec 15 secondes de récupération)

4. Ciseaux de jambes planche à bout de bras + respiration :
6 x 25 m (avec 15 secondes de récupération)

5. Nage complète :
4 x 25 m (avec 15 secondes de récupération)

6. Détente

J'apprends une technique de nage

L'apprentissage d'une technique de nage se fait par étapes progressives.

Les différents exercices relatifs à chacune des étapes doivent toujours, dans le temps, être pratiqués et renforcés.

Il y a entre ces différents exercices une interaction permanente, particulièrement dans le cas de l'apprentissage.

Ce n'est que lorsqu'on maîtrise parfaitement un exercice que l'on peut passer à l'étape suivante.

Si vous le souhaitez, l'apprentissage du crawl et du dos peut être mené de pair. L'interaction entre les deux techniques est grande ; les séances seront plus agréables et plus variées.

Le crawl

Les deux premiers objectifs, la respiration et le battement de jambes, sont à mener en parallèle. L'augmentation progressive et continue du nombre des répétitions de largeurs ou de longueurs facilite l'acquisition d'un bon battement. Cela permet de développer la condition physique nécessaire pour aborder l'apprentissage du mouvement de bras. C'est la maîtrise de l'exercice qui conditionne le passage à l'étape suivante. Tous les acquis développés dans le chapitre précédent « les bases techniques » vont beaucoup nous servir, nous allons pouvoir passer rapidement les premières étapes.

1. La respiration

Les problèmes de la respiration aquatique sont déjà bien résolus. Grâce à la méthodologie de travail proposée, vous pouvez respirer indifféremment de droite ou de gauche.

Bornons-nous à rappeler quelques principes à ne pas oublier :

1. L'expiration est active, l'inspiration passive.

2. Je souffle d'abord complètement pour bien respirer.

3. Je souffle dans l'eau, puis je tourne la tête pour inspirer.

4. Je ne me sers que de la bouche.

5. Je garde mes yeux ouverts.

6. Ma tête reste dans l'axe du corps, je la tourne simplement sans la relever.

7. Je ne la tourne que le temps strictement nécessaire pour ne pas perdre le profit de la poussée d'Archimède. Je tords légèrement ma bouche pour respirer dans la vague formée par le déplacement de ma tête dans l'eau.

8. Je respire aussi bien à droite qu'à gauche. Pour cela, je tourne ma tête toujours du même côté de la piscine, en me déplaçant dans un sens comme dans l'autre, la suite se fera naturellement. De cette façon je peux voir les conseils qu'on me donne du bord.

2. Le déplacement en battement de jambe

A. L'initiation au battement

Elle a déjà été faite. Le battement se fait à partir des hanches, il est simple, de petite amplitude et rapide. Les jambes sont tendues sans raideur, les pieds affleurent la surface.

B. Avec une planche, les bras allongés dessus

Je souffle dans l'eau en rentrant le menton.

Je respire en le redressant, je suis bien allongé.

Mes jambes sont souples, je ne plie pas les genoux.

Je sens l'eau sur mes chevilles et sur mes jambes.

Je sens que je glisse dans l'eau sans faire de vagues.

Je dois être capable, par répétitions de largeurs ou de longueurs de 15 à 25 m avec des pauses de récupération de 10 à 15", de faire 200 à 300 m avant de passer à l'exercice suivant.

C. Avec une planche tenue par le milieu, la respiration sur le côté

La planche est tenue par le milieu. La respiration latérale est plus facile.

Quand je suis capable de faire 200 m par répétitions de 15 à 25 m avec 10 à 15" de récupération, j'essaie de prendre la planche à bout de bras.

D. Avec une planche tenue à bout de bras

Je tiens ma planche par les mains, les doigts sur le dessus, les pouces dessous, mes bras sont allongés.

Après avoir bien soufflé, je respire sur le côté entre mes bras. Je tourne ma tête le moins possible ; je respire dans la vague en tordant ma bouche.

Mon battement est de plus en plus efficace, je sens le travail en souplesse de mes chevilles sur l'appui de l'eau.

Je dois aussi être capable de faire 200 m sans problème.

E. Avec une planche tenue d'une main, l'autre bras allongé le long du corps

Le bras allongé devant tient la planche, l'autre est allongé le long du corps, côté vers lequel je tourne ma tête pour respirer.

Attention, je reste à plat, seule ma tête tourne et non pas mes épaules et mon corps.

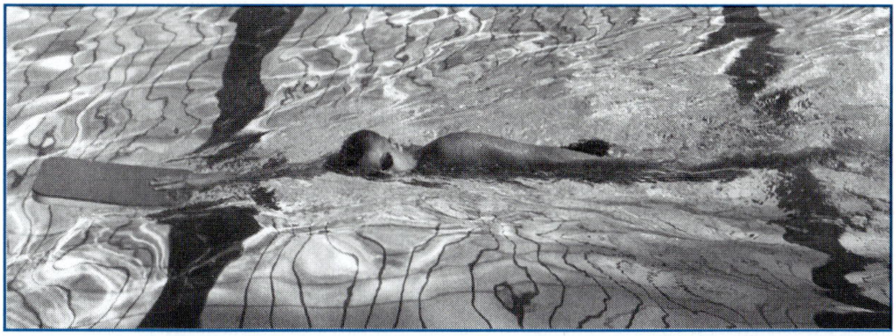

F. Battement sans planche, un bras devant, l'autre derrière

C'est le même exercice que ci-dessus mais sans planche.

Je reste bien à plat, ma tête est dans l'axe.

Je glisse dans l'eau aisément.

Je peux facilement allonger mon temps d'expiration.

Je suis capable de faire 200 m ou plus sans problème.

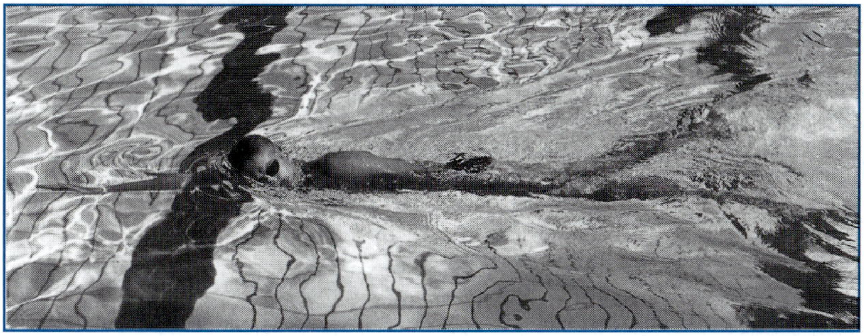

G. Battement sans planche, les deux bras le long du corps

Je reste bien à plat, je tourne seulement la tête pour respirer.

Je suis maintenant devenu expérimenté, je vais facilement apprendre le mouvement de bras.

Nous rappelons qu'il faut à chaque séance faire une révision des exercices appris afin d'insister sur celui que l'on a seulement abordé la fois précédente.

Les battements de jambes avec la planche, les bras allongés sur le dessus, sont à faire à chaque entraînement. Ils servent à travailler la condition physique. Vous insisterez sur le battement sans planche, un bras devant l'autre derrière, avec la respiration sur le côté.

3. Le déplacement avec les bras et les jambes

Vous vous déplacez et vous respirez sans problème, votre condition physique est bonne, vous pouvez maintenant vous concentrer sur l'apprentissage du mouvement de bras.

A. Prise de conscience des mains, leur rôle et la sensation de l'appui sur l'eau

Il est utile, voire indispensable, avant d'aborder le mouvement de bras, de vous sensibiliser avec la sensation de l'eau dans vos mains. Vous devez prendre conscience de leur utilité et de leur rôle. Voici quelques exercices très simples et très amusants à faire.

1. Debout dans l'eau, les pieds au fond, faites quelques mouvements en forme de huit avec les mains et les avant -bras ; ce sont des mouvements dits de godille.

2. Debout dans l'eau mais sans avoir d'appui au fond, maintenez vos épaules à la surface en faisant ces mouvements de godille.

3. Dans la même position, recherchez un appui plus fort d'un côté pour dégager l'épaule de l'eau.

4. Faites le même exercice mais avec les deux mains pour dégager les deux épaules tout en conservant ensuite l'appui pour revenir sans à-coups à la position initiale.

5. Sur le dos, les bras le long du corps, sans battement, déplacez-vous grâce aux mouvements de godille des mains.

B. Le mouvement de bras

N'oubliez pas qu'il faut vous déplacer par rapport à l'appui de votre bras et que ce n'est pas votre bras qui se déplace vers l'arrière. Avec de bonnes sensations de l'eau dans les mains, le mouvement est plus efficace.

1. Comprendre le mouvement à sec

Explication simple du mouvement du débutant qui permet d'éviter les grandes erreurs :

a) Vous allez faire le mouvement bras tendu.

b) Le bras est allongé à la surface de l'eau, vous faites un mouvement semi-circulaire qui se dirige vers le fond du bassin puis vers l'arrière.

c) Gardez votre air pendant la première partie du mouvement.

d) Commencez à souffler quand le bras tendu vers le fond du bassin dépasse le niveau de vos épaules. Soufflez de plus en plus fort jusqu'à la fin du mouvement.

e) À la fin, votre bras allongé le long du corps est à la surface.

f) Il sort de l'eau tendu.

g) Tournez votre tête sur le côté pour respirer dans le même temps.

h) Le retour vers l'avant jusqu'au niveau des épaules est fait par le coude que vous ramenez en position haute. L'avant-bras et la main sont entraînés par le coude. La main reste proche de la surface tout au long du retour.

i) Vous respirez jusqu'à ce que le bras revienne au niveau des épaules.

j) Quand le bras arrive au niveau des épaules, votre respiration est terminée, vous commencez à remettre votre tête dans l'eau. Votre main que vous avez replacée sur l'avant est poussée par le coude et l'avant-bras. Elle s'allonge sous la surface de l'eau.

2. Dans l'eau, mouvement d'un bras avec une planche

C'est sur un bras avec l'aide d'une planche que l'on commence à apprendre le mouvement de bras du crawl. C'est votre battement qui assure le déplacement. La planche est tenue d'une main, le pouce dans l'eau, les doigts sur le dessus. L'autre main est allongée sous la planche. Attention, gardez le bras tendu en le dirigeant vers le fond du bassin, sentez l'appui de l'eau sur la main.

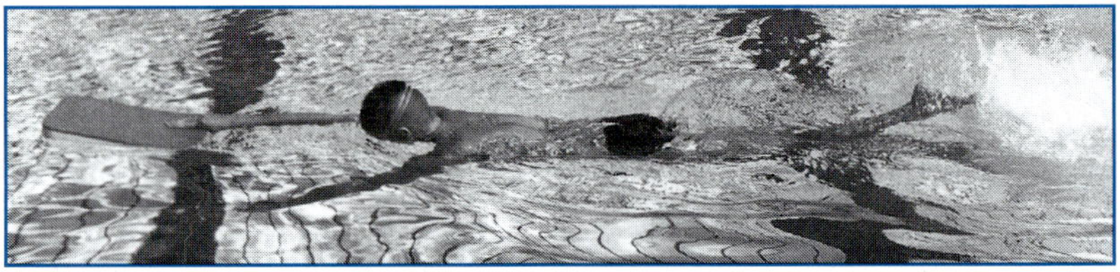

Ma tête reste dans l'axe et je bloque ma respiration.
Je commence à souffler dans l'eau quand mon bras, toujours tendu sans être raide, a dépassé le niveau des épaules. Je souffle de plus en plus fort jusqu'à la fin du mouvement sous-marin.

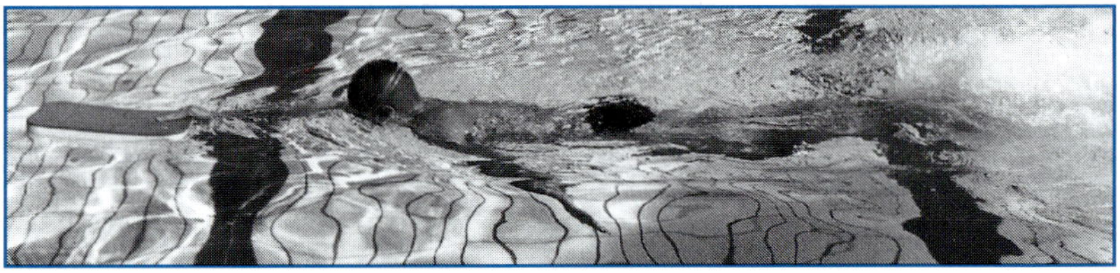

J'ai fini de souffler quand mon bras, toujours allongé, sort de l'eau.
Je tourne ma tête dans le même temps pour respirer.
Ma tête reste dans l'axe et mon menton ne se redresse pas.
Je respire dans le creux de la vague en gardant un œil dans l'eau.
Pour tourner ma tête le moins possible, je tords ma bouche.

Mon coude est haut, ma main est proche de la surface, mon inspiration est ample, ma tête est dans l'axe et mon battement est efficace.

Au niveau des épaules, j'ai fini de respirer.

Je commence à remettre ma tête dans l'eau. Mon coude pousse ma main vers l'avant. Je bloque ma respiration et j'allonge ma main sous la planche. Je marque un temps d'arrêt avant de recommencer un mouvement.

Je dois faire sans problème 200 à 300 m de répétitions de largeurs ou de longueurs avec des pauses de récupération de 10 à 15" avant de faire le même exercice sans la planche. À chaque distance, je fais le mouvement avec le bras qui est toujours du même côté du bassin. Je change ainsi de bras et de côté de respiration à chaque longueur sans m'en apercevoir. Les deux bras et les deux côtés de respiration sont donc exercés. À chaque séance, une révision des exercices appris est nécessaire, on insiste ensuite sur celui qu'on a seulement abordé la fois précédente. Passez rapidement cet éducatif avec la planche pour insister ensuite sur celui sans planche. Consacrez suffisamment de temps aux battements de jambes avec la planche pour améliorer votre niveau d'entraînement.

3. Mouvement d'un bras sans la planche

Ma main remplace l'appui de la planche. Je place l'autre main dessous ; elles se touchent légèrement. Je retrouverai cette position à la fin du mouvement.

Grâce à mes jambes et à mon bras en appui, je reste bien à plat, cette position horizontale facilite le mouvement.

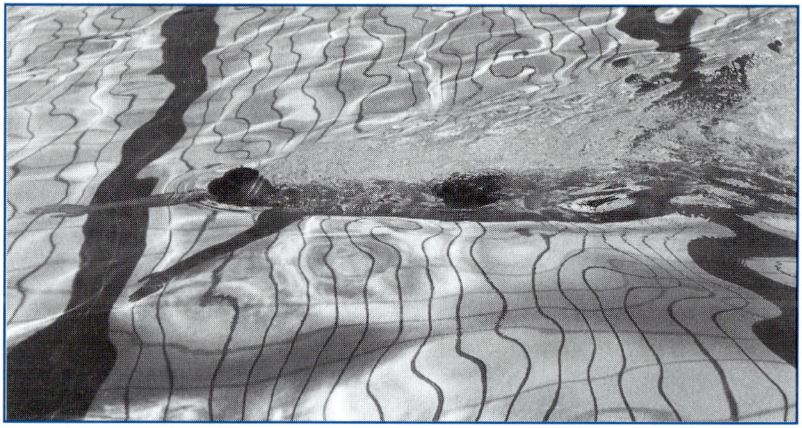

Je souffle de plus en plus fort sur l'appui du bras et je me déplace de plus en plus vite sur cet appui.

Je tourne ma tête bien dans l'axe pour respirer sans relever le menton.

Ma main reste près de la surface, mon coude est haut, je respire dans le creux de la vague en tournant le moins possible ma tête pour ne pas m'enfoncer et rendre l'exercice plus difficile.

Je pousse ma main sous mon autre main allongée à la surface. Je marque un temps d'arrêt sans interrompre mon battement avant de recommencer un mouvement.

Je dois arriver à faire sans problème 200 à 300 m de répétitions de largeurs ou de longueurs avec des pauses de récupération de 10 à 15". À chaque distance, je fais le mouvement avec le bras qui est toujours du même côté du bassin, je change donc de bras à chaque fois. Nous rappelons qu'il vous faut faire à chaque séance une révision des exercices appris.

4. La nage complète

Nous allons ici aussi nous servir d'une planche pour commencer à faire les mouvements de bras les uns à la suite des autres. Nous enchaînerons ensuite sans la planche. Ces éducatifs sont appelés « rattrapés », chaque mouvement rattrapant l'autre.

IMPORTANT

Nous n'insisterons pas longtemps sur ces exercices de rattrapés, car pour nager en crawl, il ne faut pas arrêter le mouvement devant, et encore moins derrière.

Nous enchaînerons ensuite rapidement pour trouver la coordination naturelle des mouvements de bras entre eux et avec les jambes.

A. Le rattrapé avec la planche

Une main tient la planche, l'autre est dessous.

1. Je commence par faire un mouvement ; à la fin, ma main vient se replacer sous la planche.

2. Je marque un léger temps d'arrêt, puis je saisis la planche entre mon pouce et mes doigts pour permettre à mon autre main de se placer à son tour sous la planche.

3. Après un léger temps d'arrêt, je fais normalement le mouvement avec l'autre bras.

4. Je retiens ma respiration durant tout le mouvement de ce deuxième bras. Je ne respirerai à nouveau que dans le deuxième cycle.

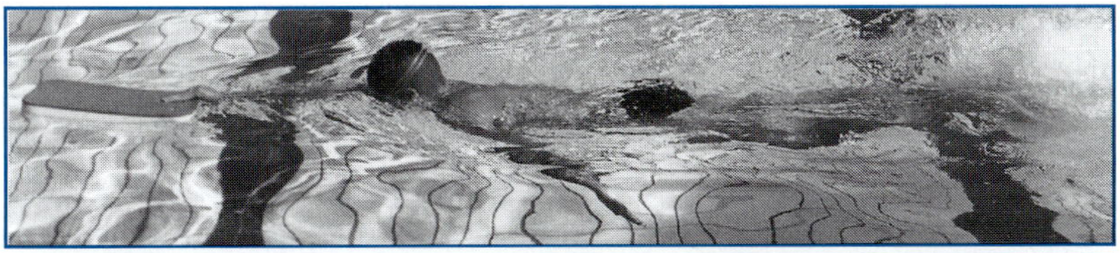

B. Le rattrapé sans planche

Sans la planche, les mains sont placées l'une sur l'autre à la surface de l'eau, elles se touchent légèrement. L'exécution de l'exercice est identique à celle avec la planche. Attention cependant à :

1. Utiliser les jambes pour le déplacement.

2. Souffler dans l'eau quand le bras passe sous les épaules.

3. Expirer de plus en plus fort.

4. Bloquer la respiration sur la deuxième partie du retour et pendant l'ensemble du mouvement de l'autre bras.

5. Se servir du bras et de la main en appui sur l'eau ; ils ne s'enfoncent surtout pas et maintiennent la position horizontale.

Faites à chaque séance une révision des exercices appris.
Insistez sur les exercices avec un bras et sans la planche.

> ***N'insistez pas sur ces deux éducatifs de rattrapés avec et sans planche. Passez rapidement à la nage complète.***

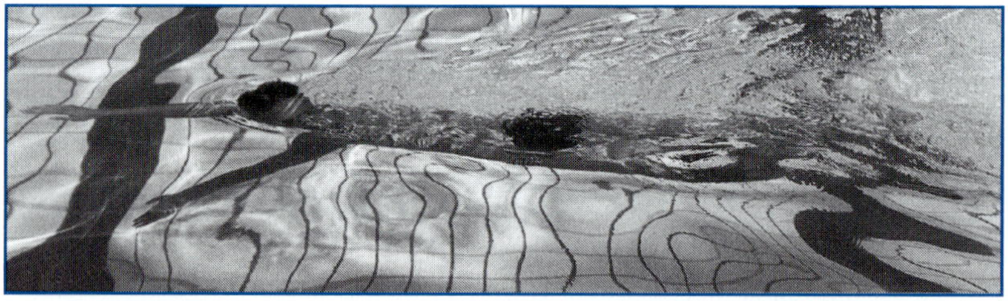

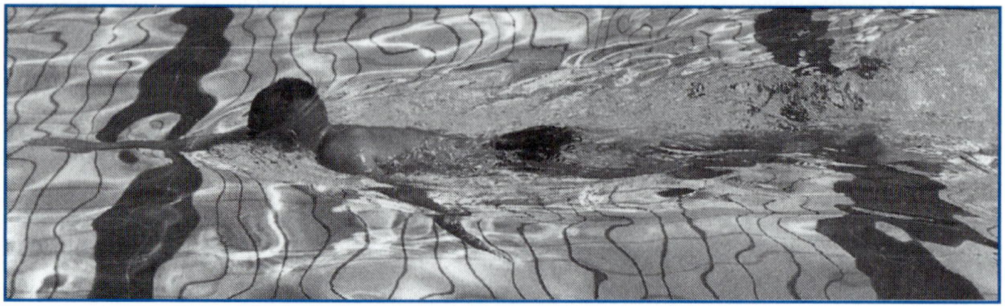

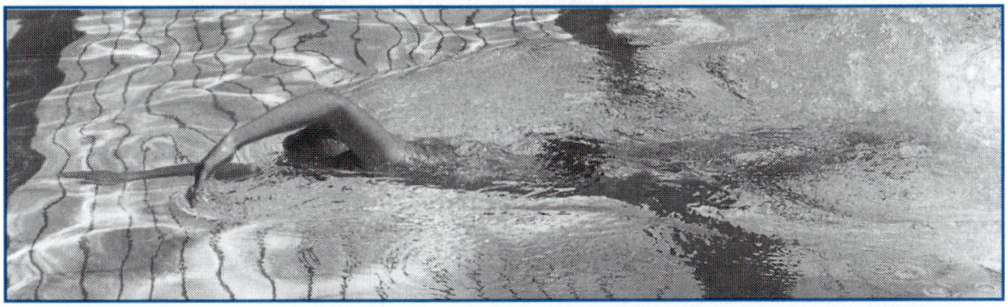

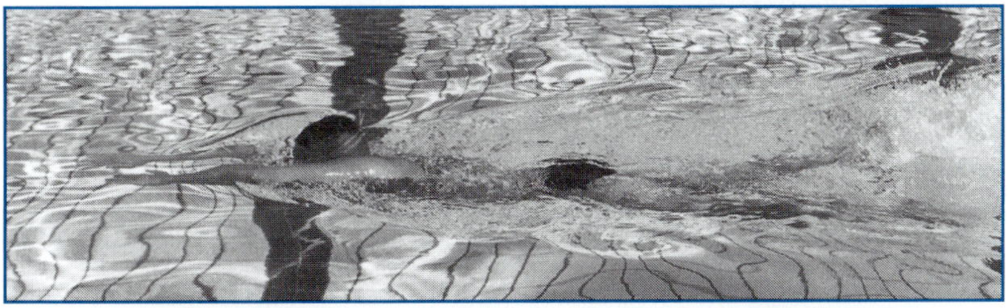

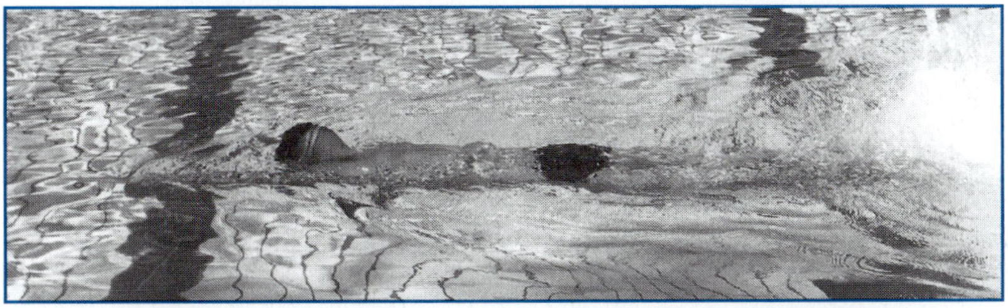

C. La nage

Pour nager en crawl, il faut, à partir du rattrapé sans planche, enchaîner le mouvement sans marquer de temps d'arrêt. C'est la raison pour laquelle on ne doit pas rester longtemps sur le rattrapé. Il est de ce point de vue là beaucoup plus utile de se pencher sur le travail sur un seul bras.

1. Induisez progressivement, en réduisant le temps d'arrêt, une allonge des bras sur l'avant plus importante. Les mains ne doivent pas s'arrêter, on remplace l'arrêt par l'allonge.

2. L'allonge vers l'avant se fait naturellement sur la poussée de l'autre bras vers l'arrière.

3. Le bras, en s'allongeant vers l'avant, facilite la première partie du retour aérien de l'autre bras.

4. Le retour aérien est facilité, à partir des épaules, par un appui vers le fond du bras qui commence son action propulsive.

5. Tout le mouvement propulsif sous-marin aide à l'entrée de la main et à la prise d'appui sur l'eau. Il faut activement aller chercher l'eau le plus loin possible devant.

6. N'oubliez jamais que ce n'est pas votre bras qui se déplace vers l'arrière mais vous qui vous déplacez par rapport à l'appui.

7. Prenez conscience du rythme de votre battement de jambes qui se coordonne naturellement avec l'action des bras.

8. La respiration doit toujours être bien placée sous peine de perturber l'équilibre de toute la nage.

Pour vous améliorer, deux éducatifs peuvent vous être utiles : le premier sur un bras sans appui avant, le deuxième en opposition, par une action simultanée des deux bras qui sont l'un allongé devant, l'autre le long du corps.

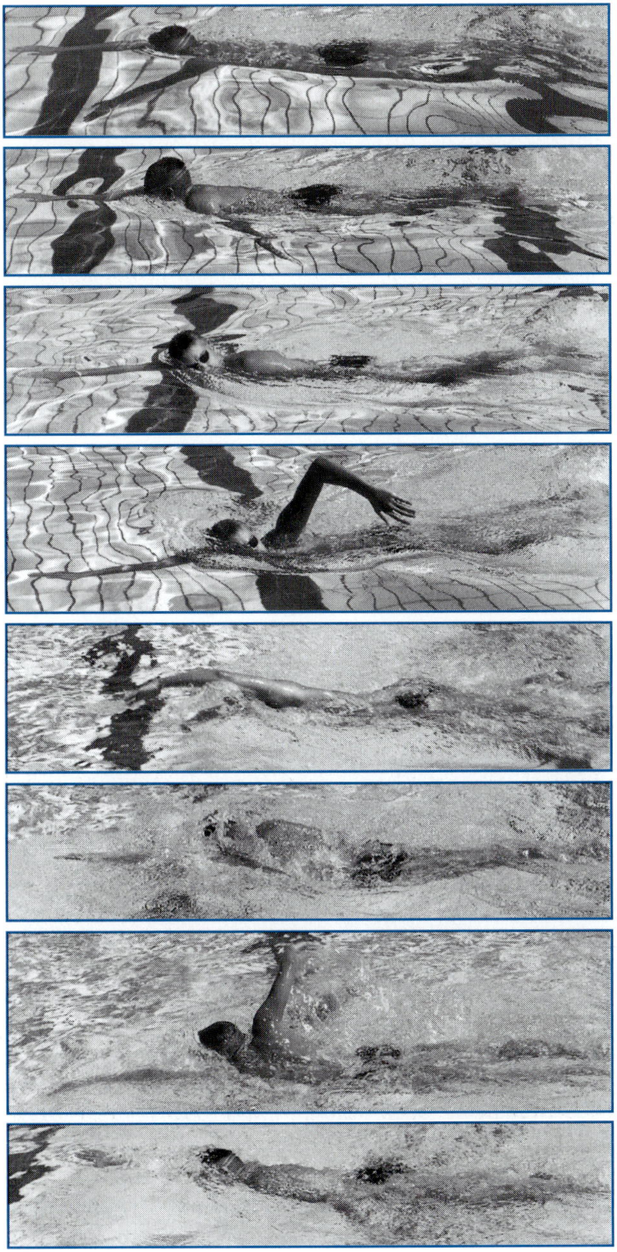

1. Mouvement enchaîné sur un bras sans appui avant

En battement de jambes, le bras qui n'agit pas se trouve allongé le long du corps. Deux variantes sont possibles suivant le côté de la respiration :

a) Avec la respiration du même côté

1. Enchaînez les mouvements sur le même bras en respirant du même côté.

2. Attention, ne raccourcissez pas l'amplitude du mouvement, au contraire essayez de l'augmenter.

3. Placez correctement votre respiration.

4. Le bras reste allongé jusqu'à sa sortie de l'eau.

5. Ramenez votre bras par le coude, en position haute, et non pas par la main, celle-ci reste proche de la surface.

6. Restez à plat.

7. Gardez la tête dans l'axe du corps.

b) Avec la respiration du côté opposé

Pour respirer du côté opposé, il vous faut :

1. Finir de souffler et tourner la tête au moment où la main pénètre dans l'eau.

2. Respirer sur l'allonge et le début du mouvement du bras qui s'enfonce vers l'avant et le fond.

3. Remettre la tête dans l'eau, dans l'axe du corps sur la suite du mouvement vers le fond du bras. Votre tête doit être dans l'axe quand le bras se trouve sous les épaules.

4. Rester en apnée pendant le reste du mouvement sous-marin.

5. Souffler sur le retour aérien, jusqu'au retour de la main dans l'eau.

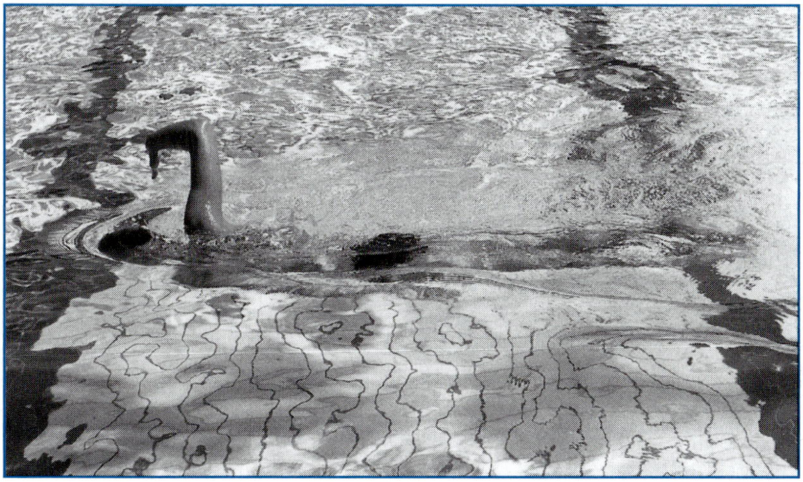

2. L'opposition

En battement, un bras est allongé devant, l'autre est derrière le long du corps.

a) Vous commencez le mouvement par une prise d'appui du bras avant vers le fond.

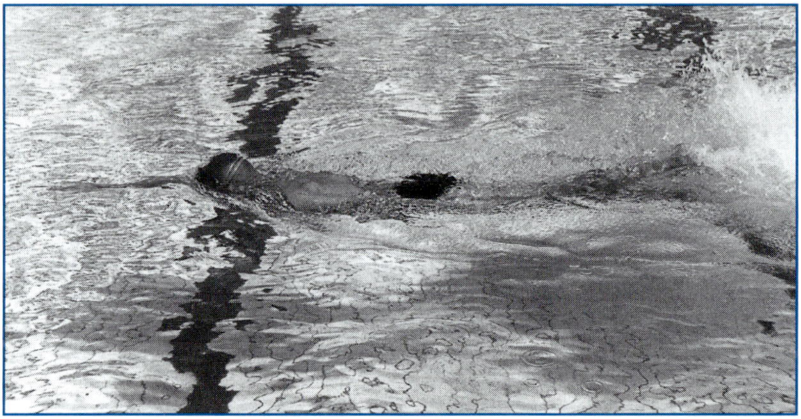

b) Vous enchaînez ensuite le mouvement de retour de l'autre bras.

c) Les mouvements sous-marins et aériens se font ensuite simultanément.

d) Vous ne respirez que d'un côté, après avoir commencé le retour.

e) Respectez tous les principes déjà développés, respiration, appui, allonge, coude haut, main basse, etc.

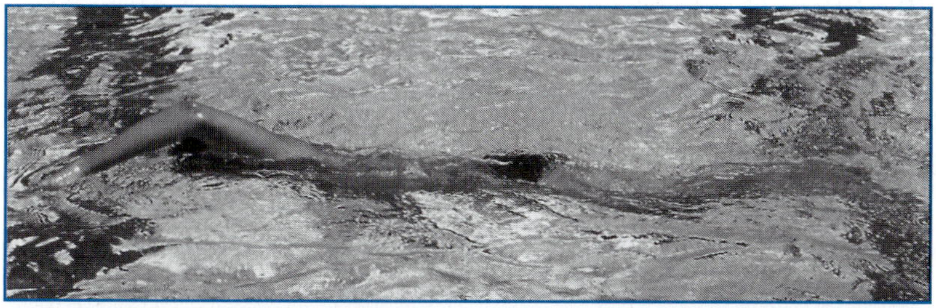

f) Marquez un temps d'arrêt entre chaque mouvement tout en continuant les battements. Vous devez sentir le début de l'exercice qui doit se faire par l'appui du bras avant.

Recherchez les sensations d'efficacité du bras sous-marin, de relâchement dans le retour aérien, de coordination des deux bras et du battement de jambes.

5. Encore quelques conseils dans votre démarche

Vous avez maintenant les premières bases de la technique du crawl, c'est en vous entraînant que vous vous améliorerez. Il vous faudra :

- ***faire des répétitions de distances de plus en plus importantes en battement de jambes,***
- ***toujours reprendre les bases, notamment la respiration et les exercices avec un bras,***
- ***améliorer vos sensations et votre efficacité en relation avec votre condition physique.***

Retenez bien que c'est vous qui vous déplacez par rapport à vos appuis et non pas votre bras qui se déplace vers l'arrière. Fort de ce principe, vous pourrez matérialiser vos progrès en comptant le nombre de mouvements de bras qui vous seront nécessaires pour faire une distance. Vous devrez, à distance égale, en faire de moins en moins. En réduisant le nombre de mouvements, vous vous déplacez sur une plus grande longueur à chacun d'entre eux, c'est le but du jeu. Cela signifie que votre technique est meilleure et que vous êtes en progrès.

6. Proposition d'un programme pour apprendre le crawl

Les principes qui doivent régir votre démarche sont toujours les mêmes, nous les avons déjà vus plus haut et nous allons les adapter au niveau acquis.

A. Organisation des séances

Pour une séance de 45 minutes :
• *Plus de la moitié de la séance, soit 25 minutes, doit être consacrée aux battements de jambes et à la condition physique qu'ils nous permettent de développer, à la respiration et à une révision des bases acquises.*
• *15 minutes sont ensuite utilisées pour acquérir, développer et améliorer le niveau technique d'un type d'exercice.*
• *Les 5 minutes restantes permettent de découvrir les difficultés suivantes.*
Ne pas négliger ensuite de prendre quelques minutes de détente surtout pour les enfants.

B. Le programme d'organisation des séances dans le temps

Sachant que chacun doit évoluer à son rythme, un plus ou moins grand nombre de séances seront nécessaires pour obtenir le résultat recherché. Le passage d'un éducatif à l'autre ne peut se faire qu'à partir d'un bon niveau de maîtrise qui est individuel.

Il nous semble indispensable de consacrer une vingtaine de séances à l'apprentissage du crawl si l'on souhaite obtenir un bon résultat.

Sur 20 séances :

1. ***10 séances, soit la moitié, sont consacrées aux battements de jambes et à la respiration en battement. Ces séances ont un triple but :***

- ***Le premier est technique pour résoudre et améliorer ensuite le plus possible le déplacement dans l'eau.***
- ***Le second est de résoudre les problèmes de la respiration : l'améliorer et l'associer intimement aux battements, surtout au niveau de l'expiration dans l'eau.***
- ***Le troisième est d'améliorer le niveau de la condition physique qui seul permettra de faire des progrès efficaces et rapides.***

2. ***7 séances sont utilisées pour l'apprentissage du mouvement, sur un bras, avec puis sans la planche, en changeant de bras à chaque distance.***

3. ***1 à 2 séances grand maximum pour le rattrapé avec et sans planche.***

4. ***La ou les deux dernières séances permettront le passage à la nage qui ne posera pas de problèmes si tout le travail précédent a bien été fait et si la condition physique est bonne.***

Vous ne nagerez bien que si vous allez ensuite souvent vous entraîner pour développer votre crawl, renforcer les acquis et améliorer votre condition physique. Vous y prendrez de plus en plus de plaisir, ce sera bon pour votre santé et vous aurez la satisfaction de vous sentir de plus en plus à l'aise et sûr de vous dans l'eau.

C. Quelques séances dans chacune des grandes parties de l'apprentissage du crawl

1. Séances consacrées aux battements, à la respiration et à la condition physique

En largeur si possible, soit entre 10 et 15 m suivant le bassin. Le repos est de 10 à 15 secondes entre les 15 m et de 30 secondes entre les répétitions.

1er niveau	2e niveau	3e niveau
1. Le battement bras allongés sur la planche :		
4 x (2 x 15 m)	*5 x (4 x 15 m)*	*6 x (6 x 15 m)*
2. Le battement bras allongés sur la planche, expiration dans l'eau :		
4 x (2 x 15 m)	*Pas d'exercice à ces niveaux*	
3. Le battement planche tenue à bout de bras respiration sur le côté :		
4 x (1 x 15 m)	*4 x (4 x 15 m)*	*2 x (4 x 15 m)*
4. Battement sans planche, un bras devant, l'autre le long du corps, respiration sur le côté :		
N'est pas du niveau	*4 x (2 x 15 m)*	*4 x (4 x 15 m)*
Total :	**Total :**	**Total :**
300 m	*660 m*	*900 m*

2. Séances consacrées à l'apprentissage du mouvement de bras

1er niveau	2e niveau	3e niveau
1. Le battement bras allongés sur la planche :		
6 x (6 x 15 m)	*7 x (6 x 15 m)*	*8 x (6 x 15 m)*
2. Battement sans planche, un bras devant, l'autre le long du corps, respiration sur le côté :		
4 x (4 x 15 m)	*4 x (4 x 15 m)*	*4 x (4 x 15 m)*
3. Mouvement d'un bras avec planche tenue à bout de bras :		
4 x (2 x 15 m)	*Cet exercice n'est plus pratiqué*	
4. Mouvement d'un bras sans planche, l'autre allongé devant :		
4 x (1 x 15 m)	*4 x (3 x 15 m)*	*4 x (5 x 15 m)*
5. Mouvement d'un bras sans planche, l'autre allongé le long du corps :		
N'est pas du niveau	*4 x (1 x 15 m)*	*4 x (2 x 15 m)*
Total :	**Total :**	**Total :**
960 m	*1 110 m*	*1380 m*

3. La séance de rattrapé

1. Le battement bras allongés sur la planche :
8 x (6 x 15 m)
2. Battement sans planche, un bras devant, l'autre le long du corps, respiration sur le côté :
4 x (4 x 15 m)
3. Mouvement d'un bras sans planche, l'autre allongé devant :
2 x (4 x 15 m)
4. Rattrapé avec planche :
5 x (2 x 15 m)
5. Rattrapé sans planche :
5 x (2 x 15 m)
Total :
1380 m

4. Le passage au crawl

1. Le battement bras allongés sur la planche :
8 x (6 x 15 m)
2. Battement sans planche, un bras devant, l'autre le long du corps, respiration sur le côté :
4 x (4 x 15 m)
3. Mouvement d'un bras sans planche, l'autre allongé devant :
2 x (4 x 15 m)
4. Rattrapé sans planche :
3 x (2 x 15 m)
5. Crawl :
7 x (2 x 15 m)
Total :
1380 m

Évolution vers une technique sportive du crawl

Pour les besoins de l'apprentissage, nous n'avons parlé que de mouvements à réaliser bras tendus, ce qui est en contradiction avec ce que nous avons vu dans le chapitre consacré aux bases théoriques et à la force de propulsion du nageur. Il était cependant indispensable de passer par cette étape préliminaire car nous ne pouvions vous demander immédiatement la réalisation d'un mouvement complexe. Cette première étape franchie, il nous faut faire évoluer le mouvement de base simple vers une technique plus complexe qui va mettre en œuvre les systèmes de pression dépression qui sont à l'origine de la force de propulsion.

L'action propulsive des bras

Elle se compose de trois grands mouvements de godille ou de balayage qui s'enchaînent à la suite de l'entrée dans l'eau et de la prise d'appui :

- la godille vers le bas et l'extérieur,
- la godille vers l'intérieur,
- la godille vers l'extérieur, le haut et l'arrière.

Les mains, à la suite des bras, dans leur action sous-marine, dessinent un « S » normal avec le bras gauche, il est inversé avec le droit.

A. L'ENTRÉE DANS L'EAU ET LA PRISE D'APPUI (1er groupe de photos horizontales)

Cette action va conditionner l'ensemble du mouvement.

1. C'est le coude qui, en avant de la tête, guide efficacement la pénétration de la main ainsi que l'allonge avec un minimum de turbulences.

2. L'allonge se fait dans l'axe du corps sur la dernière partie du mouvement propulsif du bras opposé. Elle permet la fixation du corps et la transmission de la vitesse.

3. La prise d'appui se fait sans brutalité sur la sortie de l'eau du bras opposé.

4. La prise d'appui est très importante, elle se fait sur des masses d'eau inertes, elle conditionne l'efficacité de la suite du mouvement.

B. LA GODILLE VERS LE BAS ET L'EXTÉRIEUR (2e groupe de photos horizontales)

1. À la suite de la prise d'appui, le mouvement de la main va progressivement s'accélérer en se déplaçant vers le bas et un peu vers l'extérieur avec une légère flexion du coude.

2. La main, relâchée, est en forme de cuillère. Les paumes sont orientées vers le bas, l'extérieur et l'arrière.

3. Ce balayage est certainement le moins propulsif, mais il est déterminant pour amener le bras et la main dans la meilleure position pour la godille qui suit.

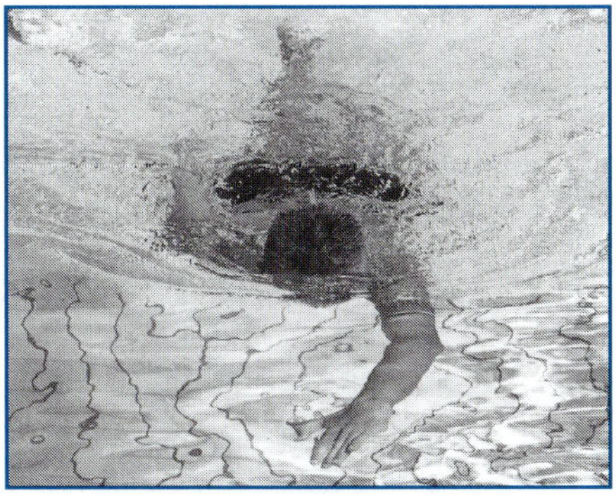

C. La godille vers l'intérieur
(3e groupe de photos horizontales page précédente)

1. Arrivé au point le plus profond, le mouvement de la main s'arrondit autour du poignet pour orienter la paume vers l'intérieur, le haut et l'arrière.

2. La trajectoire du mouvement à la suite de la main s'arrondit également pour s'orienter vers l'intérieur, le haut et l'arrière.

3. La vitesse de la main s'accélère jusqu'à ce qu'elle se trouve sous l'axe du corps.

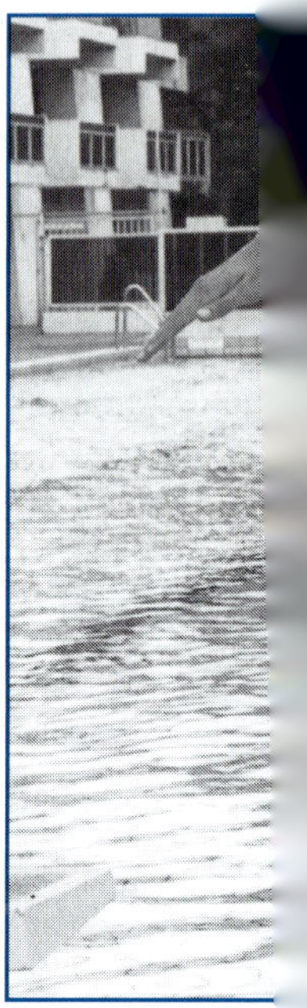

D. La godille vers l'extérieur, le haut et l'arrière (toutes les photos de cette page)

1. C'est sous la poitrine que la paume de la main va s'orienter vers l'extérieur et l'arrière dans un premier temps.

2. À la suite du mouvement, dans un second temps, elle s'oriente vers le haut et l'extérieur quand elle se dégage du corps.

3. Toujours à la suite du balayage du bras, elle se place en extension et en rotation extérieure en se déplaçant vers le haut et l'extérieur.

Le dos

Le dos est la seule nage qui ne pose a priori pas de problèmes de respiration car les voies respiratoires ne sont pas immergées. C'est à partir de cette fausse idée qu'on peut penser que c'est la technique de nage qui pose le moins de difficultés. Cette spécialité est souvent présentée comme un crawl à l'envers sans les problèmes de respiration. Les ouvrages techniques ne parlent en général pas de la respiration en dos et, quand ils en parlent, c'est pour l'assimiler à celle du crawl. Nous avons posé ce problème dans les deux ouvrages, « La natation du débutant à l'international » et « Natation performance » que vous pouvez trouver chez le même éditeur, Amphora, et à notre connaissance nous sommes les seuls à l'avoir posé. Si le problème de la respiration est bien posé, l'apprentissage ne pose ensuite plus beaucoup de difficultés ; cette technique est alors simple.

Les bases techniques que nous avons développées en préambule à tout enseignement d'une technique de nage sont des acquis qui vont maintenant aussi beaucoup nous aider.

Nous ne reviendrons pas sur l'allongement et le redressement, ni sur les glissées et coulées, tout en sachant qu'une première approche des battements au mur a déjà été faite.

Un bon niveau de condition physique et les acquis de l'apprentissage du crawl sont aussi présents. Tout ira donc beaucoup plus vite. En quelques séances, il vous sera facile de pratiquer cette belle spécialité si appréciée des médecins pour les problèmes de dos.

L'apprentissage peut être aussi mené de pair avec celui du crawl, l'interaction entre ces deux spécialités est grande et cela apporte une certaine variété dans les exercices.

Le déplacement en battement de jambes

1. Les principes du battement de dos

Le battement de jambes se fait à partir des hanches, il est simple, de petite amplitude et rapide. Les jambes sont tendues sans raideur, les pieds affleurent la surface en poussant l'eau vers l'arrière. Attention à la position du corps dans l'eau, il ne faut pas être assis ; il faut :

a) être allongé le plus à plat possible à la surface,

b) avoir le regard fixé au plafond,

c) avoir le menton et la tête dans l'axe du corps,

d) que le nombril et le ventre soient dégagés de la surface,

e) que les genoux ne sortent pas de l'eau.

2. Battements avec l'aide d'une planche tenue sur le ventre

La planche est tenue à bout de bras par les mains, pouces sur le dessus, doigts dans l'eau.

a) Je suis bien allongé.

b) Ma tête à la surface est bien dans l'axe du corps.

c) Mes jambes sont souples, je ne plie pas les genoux.

d) Je pousse l'eau vers l'arrière.

e) Je sens l'eau sur mes chevilles et sur mes jambes.

f) Je sens que je glisse dans l'eau sans faire de vagues.

3. Battements sans planche les bras le long du corps

Les bras servent à stabiliser la position du corps.

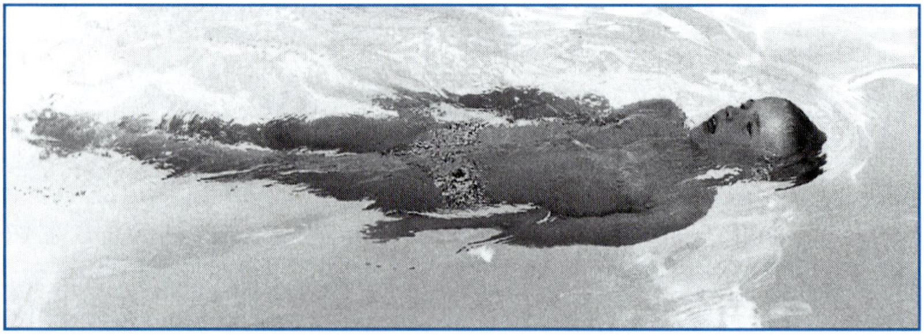

4. Battements avec l'aide d'une planche prise par son milieu, les bras allongés derrière la tête

Les pouces sont dans l'eau, les doigts sur le dessus.

5. Battements avec l'aide d'une planche tenue à bout de bras

a) Mes bras sont allongés sans être raides.

b) Je suis bien allongé, la poitrine, le ventre et le nombril dégagés.

c) Mon battement est maintenant de plus en plus efficace.

d) Je sens le travail en souplesse de mes chevilles.

6. Battements sans planche

Les bras sont allongés derrière la tête, les mains sont posées l'une sur l'autre. Je dois être capable de faire 200 m ou plus sans problème par la répétition de largeurs ou de longueurs avec 10 à 15" de récupération.

La respiration en dos

À l'inverse du crawl, nous avons les voies respiratoires hors de l'eau. Nous allons en profiter pour respirer plus souvent, ce qui va faciliter l'exécution des mouvements de bras.

En dos, nous expirons et nous inspirons sur chaque bras.

1. L'expiration

Point de repère dans la nage complète :

L'expiration active et forcée se fait sur la deuxième partie du mouvement sous-marin de chaque bras, des épaules aux cuisses. L'inspiration passive s'enchaîne ensuite naturellement.

2. L'inspiration

Point de repère dans la nage complète :

L'inspiration passive se fait naturellement à la suite de l'expiration. Elle se place sur la première partie du retour aérien du bras, des cuisses aux épaules.

Le mouvement de bras

Nous rappelons que c'est le corps qui se déplace par rapport à l'appui du bras, ce n'est pas le bras qui se déplace vers l'arrière. Le mouvement dans l'eau sera plus efficace si les sensations de l'eau dans les mains ont pu être acquises.

1. Comprendre le mouvement à sec

Explication simplifiée afin d'éviter les grandes erreurs :

a) Le bras est allongé à la surface de l'eau.

b) On oriente la main perpendiculairement à la surface, les paumes tournées vers l'extérieur.

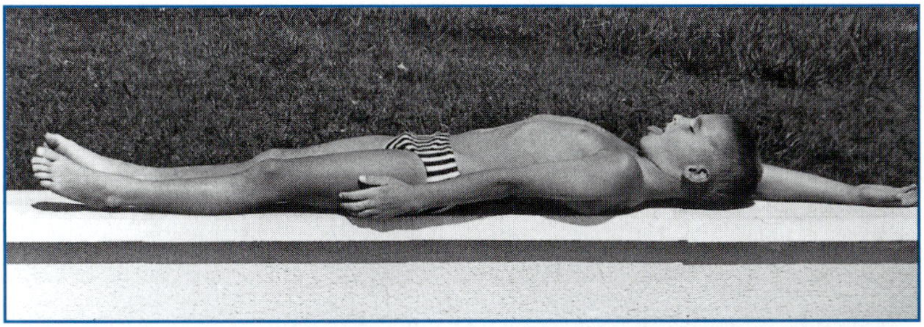

c) L'action sous-marine est un mouvement semi-circulaire du bras tendu sans flexion du coude qui se fait sous la surface de l'avant jusqu'aux cuisses.

d) On souffle dans la poussée vers l'arrière, des épaules aux cuisses.

e) Sans temps d'arrêt à la fin du mouvement, le bras est ramené dans un plan vertical, tendu et relâché par l'extension du coude.

f) On inspire naturellement à la fin de l'expiration dès le début du retour.

g) Le bras toujours tendu retrouve sa position de départ.

2. Le mouvement dans l'eau avec la planche

Le mouvement de bras va d'abord se faire sur un bras avec l'aide d'une planche. Le battement de jambes assure le déplacement, on peut se concentrer sur le mouvement de bras.

La planche est tenue par une main, doigts dans l'eau, le pouce sur le dessus. L'autre main, celle du bras qui va faire le mouvement, est allongée sous la planche.

Je tourne ma main vers l'extérieur.

En le dirigeant sur les côtés et vers l'extérieur, je garde le bras tendu.

Je sens l'appui de ma main sur l'eau.

Ma tête reste dans l'axe, je regarde vers le plafond.

Mon corps est bien allongé à la surface, ma poitrine, mon ventre et mon nombril sont dégagés.

Je souffle dans la poussée à partir des épaules, de plus en plus fort jusqu'à la fin du mouvement sous-marin.

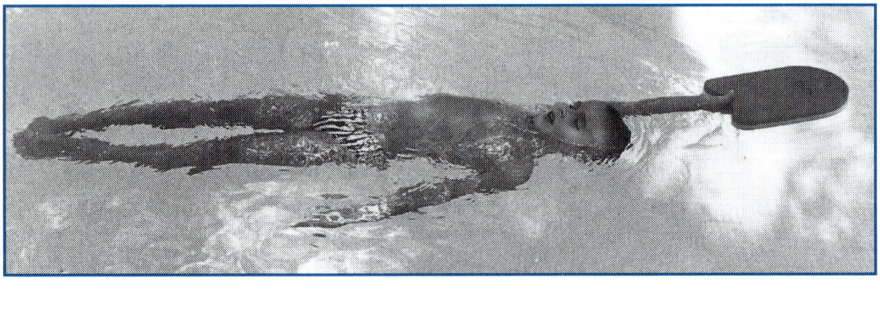

Sans temps d'arrêt le long des cuisses, mon bras toujours allongé est ramené hors de l'eau dans un plan vertical par le coude, main relâchée.

L'inspiration se fait naturellement à la suite de l'expiration dès la sortie du bras.

Mon bras allongé et souple entre dans l'eau le long de ma tête, ma main dans son prolongement pénètre dans l'eau par le dos. Je marque un temps d'arrêt avant de recommencer un mouvement.

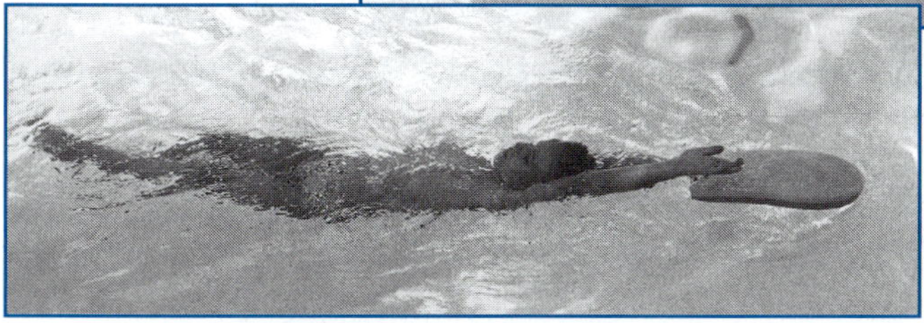

Je dois faire sans problème 200 à 300 m de répétitions de largeurs ou de longueurs avec des pauses de récupération de 10 à 15" avant de faire le même exercice sans la planche.

À chaque distance, je fais le mouvement avec le bras qui est toujours du même côté du bassin. Cela me fait donc changer de bras à chaque longueur.

3. Le mouvement sans la planche

A. Avec un bras en appui avant

La main du bras qui fait l'exercice se trouve sous la main qui maintient l'appui avant, elles se touchent légèrement. Cette position est à reprendre pour recommencer un mouvement.

Je dois faire sans problème 200 à 300 m de répétitions de largeurs ou de longueurs avec des pauses de récupération de 10 à 15''. À chaque distance, je fais le mouvement avec le bras qui est toujours du même côté du bassin.

B. Mouvement avec un bras, l'autre sur le côté le long du corps

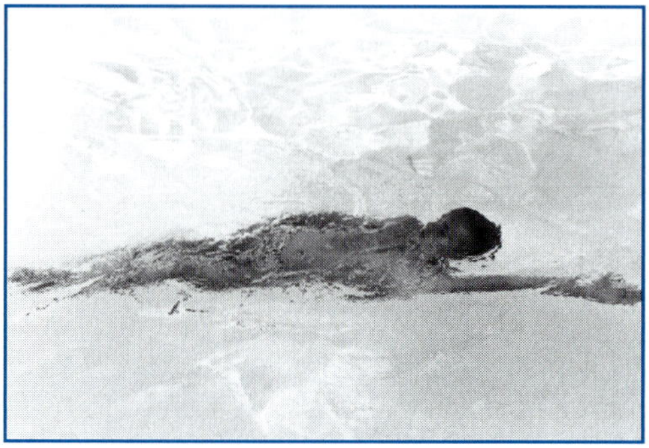

La nage complète

Pour aborder la nage complète, nous utiliserons comme en crawl, l'exercice du rattrapé avec puis sans la planche.

IMPORTANT

Nous n'insisterons pas longtemps sur ces deux éducatifs, car pour nager il ne faut surtout pas arrêter le mouvement devant et encore moins le long des cuisses.

Les mouvements s'enchaînent ensuite si nous nous concentrons bien sur la respiration spécifique de cette technique.

1. Le rattrapé avec une planche

Une main tient la planche, l'autre est dans l'eau.

1. À la fin du premier mouvement, je marque un léger temps d'arrêt avant de saisir la planche et de changer de bras.

2. Je souffle sur la poussée de chaque bras et j'inspire ensuite naturellement sur le retour aérien du même bras.

3. Je reste en apnée jusqu'à ce que le bras suivant se trouve en poussée vers l'arrière.

Quand je maîtrise cet éducatif, je me passe de la planche.

2. Le rattrapé sans planche

Les mains à la surface sont posées l'une sur l'autre, les paumes vers le haut. C'est la main de dessous qui débute.

Attention

1. Utilisez vos jambes pour le déplacement.

2. Expirez sur la poussée du bras vers l'arrière.

3. Gardez le bras bien allongé.

4. Votre bras sort allongé de l'eau ; l'inspiration a commencé à la fin de l'expiration sur la sortie de l'eau.

5. Le retour se fait dans un plan vertical par le coude, bras tendu, main relâchée.

6. Le bras tendu entre dans l'eau dans le prolongement des épaules le long de la tête.

7. Après avoir marqué un temps d'arrêt, on fait le mouvement avec l'autre bras.

Comme en crawl, ne pas trop insister sur le rattrapé, passez rapidement à la nage complète.

3. L'opposition

Cet éducatif est très utile, il vous aide à sentir la coordination de la nage complète. Un bras devant, l'autre le long du corps.

1. Commencez simultanément la prise d'appui du bras avant avec le retour du bras arrière.

2. Inspirez sur la première partie du mouvement jusqu'aux épaules que les deux bras doivent atteindre en même temps.

3. Puis expirez sur la deuxième partie du mouvement, des épaules aux cuisses et des épaules à l'entrée dans l'eau.

4. Les bras doivent arriver dans le même temps derrière au niveau des cuisses et devant dans l'eau.

5. Marquez un temps d'arrêt avant de recommencer le mouvement, sans oublier de continuer à faire des battements de jambes.

6. Bloquez la respiration en expiration complète durant le temps d'arrêt.

4. La nage

1. C'est l'enchaînement des mouvements réalisés en opposition, mais sans temps d'arrêt.

2. En dos, les mouvements des bras sont toujours en opposition l'un par rapport à l'autre.

3. Très vite, à la suite de l'expiration forcée sur la poussée de mon bras des épaules aux cuisses, l'inspiration naturelle qui suit avec la sortie de l'eau du bras se coordonne avec le début du mouvement de l'autre bras.

4. Je pense à commencer le mouvement de l'autre bras avec l'inspiration, la sortie et le début du retour aérien du bras qui vient d'agir.

Points de repère de coordination en dos :

1. Les bras se trouvent dans un même plan de coupe au niveau des épaules, l'un sous l'eau allongé horizontalement sur le côté, l'autre hors de l'eau verticalement tendu vers le plafond.

2. Le bras sous-marin arrive aux cuisses quand le bras en retour aérien entre dans l'eau. La prise d'appui du bras avant se fait simultanément avec la sortie de l'eau de l'autre bras.

5. Points de repère pour la respiration en nage complète qui facilitent la coordination

Nous expirons sur chaque mouvement de bras pour inspirer ensuite naturellement. Cela nous permet d'inspirer deux fois plus d'air qu'en crawl. C'est bien utile pour l'effort et la flottabilité.

Ce mode de respiration, avec une expiration sur chaque poussée de bras, va nous permettre de rythmer naturellement la nage et de bien coordonner les bras entre eux mais aussi les bras et les jambes.

Dans un cycle de nage complet :

Je souffle sur la poussée du bras sous-marin des épaules aux cuisses.

J'inspire sur le retour aérien du même bras des cuisses aux épaules.

Cela donne pour chacun des bras :

Je souffle sur la poussée du bras droit des épaules aux cuisses, ce qui correspond dans le même temps au retour du bras gauche des épaules à l'entrée dans l'eau.

J'inspire naturellement sur le retour aérien du bras droit des cuisses aux épaules, ce qui correspond dans le même temps à la première partie du mouvement sous-marin du bras gauche, de la prise d'appui jusqu'au niveau des épaules.

EN RÉSUMÉ

1. Je commence à expirer chaque fois qu'un bras passe sous l'eau au niveau de l'épaule et cela jusqu'à la cuisse. J'inspire ensuite dans la continuité du mouvement, dans la première partie du retour aérien de ce même bras, des cuisses aux épaules, et ainsi de suite.

2. Pour bien nager, je porte mon attention sur une expiration active sur chaque poussée de chacun des bras des épaules aux cuisses, le reste s'enchaîne sans problème.

Évolution vers une technique sportive du dos

Pour les besoins de l'apprentissage, nous n'avons parlé que de mouvements de bras tendus. Il nous faut maintenant aborder une technique plus sportive, en faisant évoluer le mouvement de base vers une technique plus complexe qui met en œuvre des systèmes de pression/dépression.

L'action propulsive des bras

Comme en crawl, l'action propulsive du bras se compose de trois grands mouvements de godille qui s'enchaînent à l'entrée dans l'eau et à la prise d'appui :

- la godille vers le bas,
- la godille vers le haut et l'arrière,
- la godille vers l'arrière, l'intérieur et le bas.

Les mains, à la suite des bras, dans leur action sous-marine, dessinent un « S » allongé dans un plan horizontal.

1. L'entrée dans l'eau et la prise d'appui

L'entrée dans l'eau et la prise d'appui conditionnent l'ensemble du mouvement.

a) Sur le dos, l'articulation de l'épaule ne se trouve pas dans une position idéale pour commencer le mouvement.

b) Du fait de cette position, le relâchement du bras doit à tout prix être privilégié.

c) Le bras allongé sans raideur, grâce à l'extension du coude, entre dans l'eau dans le prolongement de l'épaule.

d) Idéalement, la main doit pénétrer dans l'eau perpendiculairement à la surface par le petit doigt. Malheureusement, dans cette position, la main, l'avant-bras et le bras sont souvent crispés et contractés. Si tel est le cas, nous vous conseillons un angle d'attaque moins rigide qui sera plus proche de 45° que de 90°.

e) Pendant la prise d'appui, la main se déplace vers l'avant sur l'effort du bras opposé et grâce au roulis des épaules. Elle se tourne vers l'extérieur et le bas.

LA **CRISPATION** ➪ *mauvais appui* ➪ *des à-coups* ➪ *mauvais rythme* ➪ *mauvaise coordination.*

LE **RELÂCHEMENT** ➪ *bon appui* ➪ *une accélération progressive* ➪ *bon rythme* ➪ *bonne coordination.*

2. La godille vers le bas

a) À la suite de la prise d'appui, sur la rotation des épaules, la main va aller vers le bas et vers l'extérieur avec une légère flexion du coude.

b) Ce mouvement est plutôt dû à la rotation de l'épaule qui se tourne vers le fond en poussant le bras et la main qu'à un appui de ceux-ci qui seraient trop crispés.

c) Le point le plus profond se situe entre 40 et 60 cm, il dépend du roulis du corps et des épaules.

d) La flexion du coude et le mouvement du bras font en sorte que la main ne s'écarte pas trop du corps.

3. La godille vers le haut et l'arrière

a) Arrivé au point le plus profond, le mouvement de la main, sans perdre l'appui, s'arrondit autour du poignet pour orienter la paume vers le haut, les doigts vers l'extérieur.

b) La trajectoire du mouvement permet un déplacement de la main en diagonale vers le haut, l'arrière et légèrement vers l'intérieur.

c) Quand la main, dont la vitesse s'accélère progressivement, se retrouve au niveau du plexus, la flexion du coude est proche de 90°.

d) La forme de la trajectoire doit être allongée et surtout pas verticale.

4. La godille vers l'arrière, l'intérieur et le bas

a) Au sommet du « S » allongé dans un plan horizontal, pendant que la main s'appuie sur l'eau, paume orientée vers l'arrière, le coude se rapproche du corps pour rester au niveau de la main et de l'avant-bras en appui.

b) Grâce au poignet, la main orientée vers l'arrière et l'extérieur va être armée comme pour un lancer de pierre.

c) La main, les doigts toujours orientés vers l'extérieur, va faire un mouvement en accélération vers l'intérieur, l'arrière et le bas du fait de l'abaissement de l'épaule et du rapprochement du coude vers le corps.

d) Dans ce balayage, le mouvement en diagonale vers le bas, faible au début, s'accentue fortement à la fin.

e) La fin de la godille se termine par un fouetté de la main sous la cuisse qui entraîne le dégagement de l'épaule de l'eau au moment où le bras opposé fait son entrée.

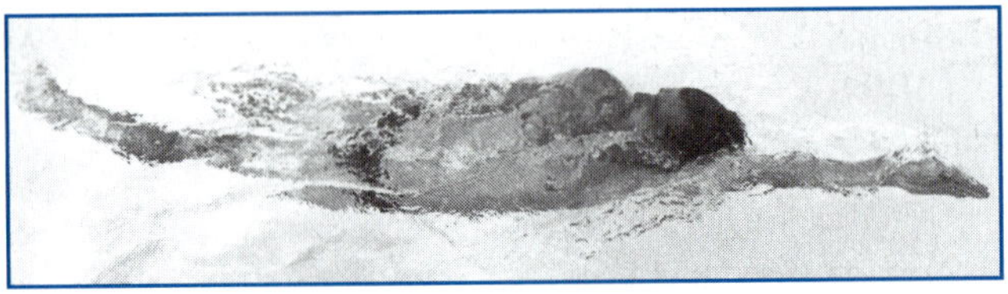

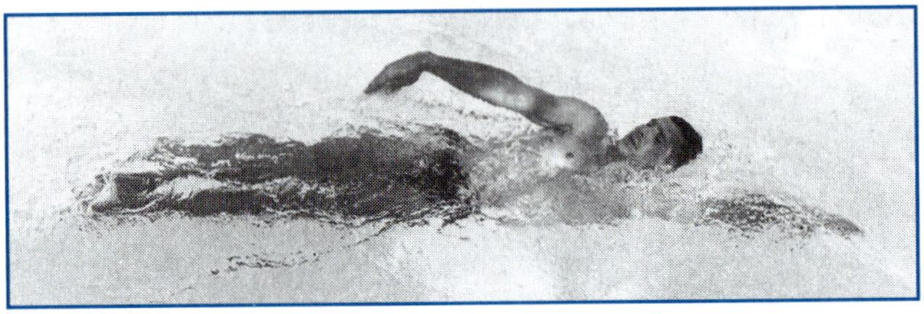

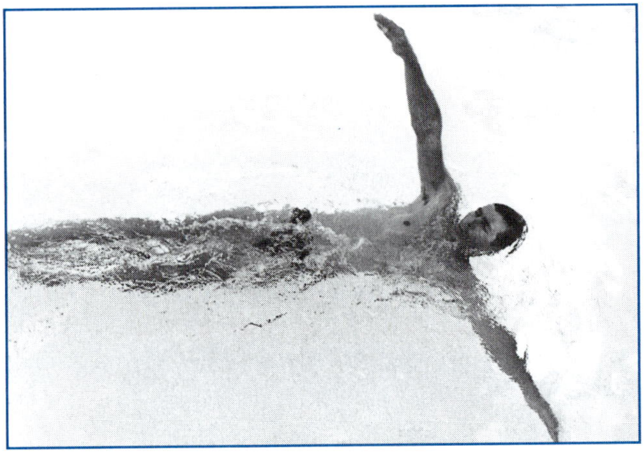

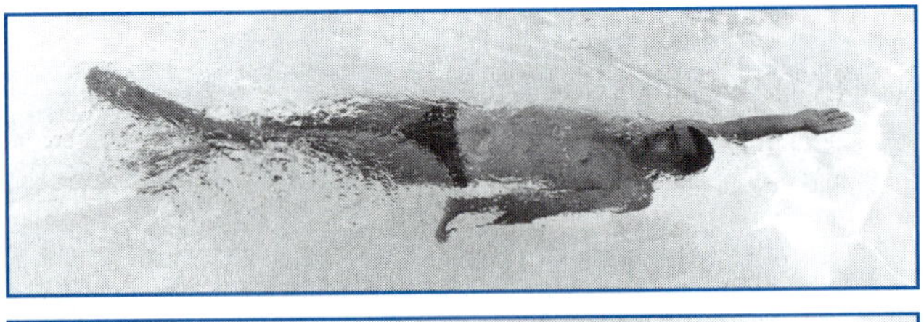

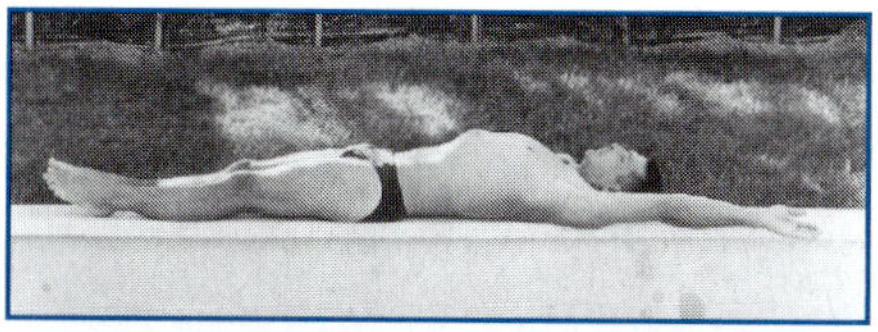
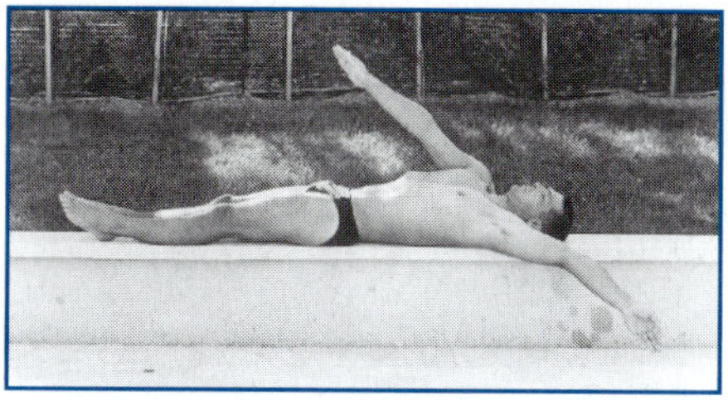

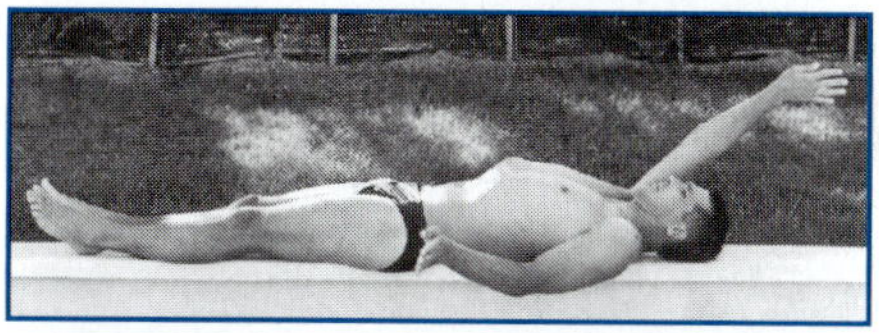

La brasse sportive

La brasse sportive est la technique de nage la plus codifiée par la Fédération Internationale de Natation Amateur (FINA). C'est elle qui demande le plus de vécu et d'expérience. Dans cette spécialité tous les mouvements se font sous l'eau. Les phases propulsives, notamment des bras, sont très réduites. Les retours se font dans l'eau et dans un sens opposé à l'avancement. Pour être efficace, il faut faire attention à ses appuis, à ses sensations et il ne faut surtout pas se battre avec l'eau.

La brasse d'initiation que nous avons vue et que tout le monde pratique se fait dans un plan horizontal. Les mouvements de bras et de jambes devront maintenant se faire dans un plan plus vertical. Cette évolution est aisée grâce à l'action de la tête qui doit sortir de l'eau pour la respiration. Dans le cadre de cette évolution vers une technique sportive plus élaborée, nous parlerons, à propos des mouvements des bras et des jambes, de balayages ou de godilles. Ces balayages des bras et des jambes mettent en place les systèmes de pression/dépression à partir desquels, comme nous l'avons vu dans la partie théorique, le nageur peut se déplacer. Les modifications des mouvements de bras et de jambes doivent être menées en parallèle. Pour les besoins d'une bonne compréhension, nous allons cependant les dissocier.

Le mouvement des jambes

1. Au bord du bassin

Quelques explications sont nécessaires :

a) Le mouvement de jambes se déroule dans un plan vertical.

b) Il se divise en deux grandes phases, l'action propulsive et le retour.

c) Le retour se fait sous l'eau dans le sens opposé à l'avancement.

d) L'action propulsive se divise en quatre parties :
– la prise d'appui,
– le balayage extérieur et vers le bas,
– le balayage intérieur et vers le haut,
– l'allonge.

Position de départ.

A. Le retour

1. Les talons sont ramenés vers les fesses dans un plan vertical.

2. Les genoux s'enfoncent légèrement pour permettre ce retour des talons.

3. Les genoux s'écartent sans dépasser la largeur des épaules.

4. Attention à ne pas ramener les genoux vers le ventre.

B. La prise d'appui

1. Les pointes des pieds s'écartent vers l'extérieur à la fin du retour des talons sur les fesses.

2. Les plantes prennent appui sur l'eau, elles s'orientent vers l'extérieur, l'arrière et le bas.

C. Le balayage extérieur, vers l'arrière et le bas

1. C'est un mouvement semi-circulaire dont les genoux sont le centre et le point de fixation.

2. Vers l'extérieur dans un premier temps, puis vers l'extérieur, l'arrière et le bas.

3. Le mouvement se poursuit jusqu'à l'extension des jambes.

4. Le déplacement du nageur sur ses appuis empêche les jambes de trop s'enfoncer dans l'eau.

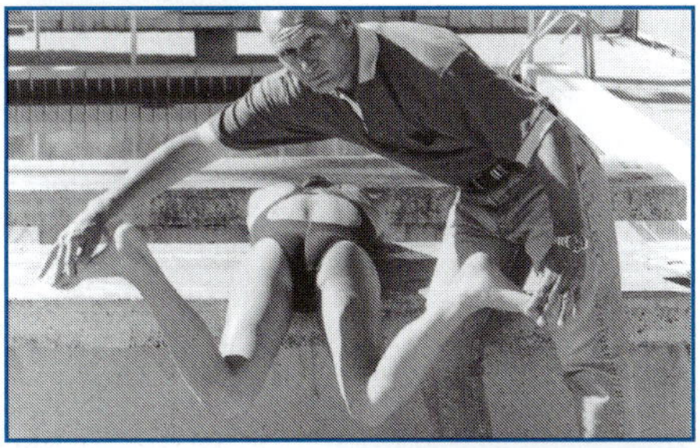

D. Le balayage intérieur, vers l'arrière et le haut

1. Dans la continuité de l'action, la fin de la godille extérieure vers l'arrière et le bas se poursuit d'abord par un balayage intérieur vers l'arrière.

2. Puis par un balayage intérieur et vers le haut.

3. Les pointes de pieds s'allongent progressivement, elles s'orientent complètement vers l'intérieur.

4. Ce mouvement se termine quand les jambes sont allongées, les pieds presque joints.

E. L'allonge

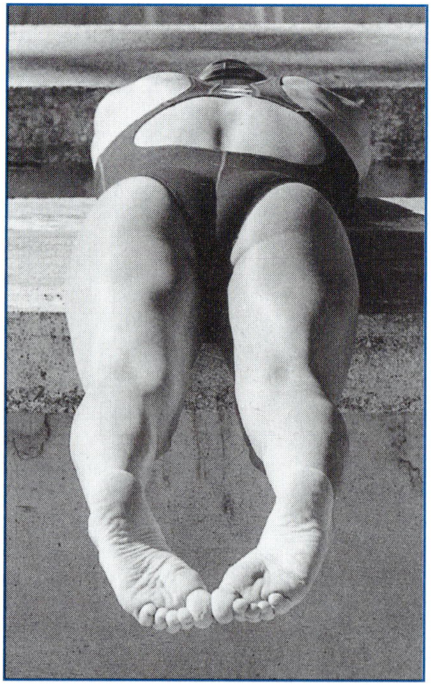

La position d'allonge finale en surface, jambes et pointes de pieds allongées et serrées, est maintenue pour profiter de la glisse.

C'est allongé sur le ventre qu'on peut le plus facilement faire et sentir le mouvement à sec. Il est utile d'offrir une résistance avec les mains à la personne qui fait le mouvement. Attention à l'allongement des pointes de pieds quand les jambes allongées reviennent à l'intérieur de l'axe des épaules.

2. Dans l'eau

Si l'explication vous a semblé compliquée, le mouvement dans l'eau est quant à lui plus facile. Les actions s'enchaînent naturellement les unes aux autres dans la mesure où vous respectez les principes édictés. Une progression d'exercices vous amène à la maîtrise de ce ciseau qui est beaucoup plus efficace. C'est ensuite l'entraînement, comme d'habitude, qui vous aidera à trouver la meilleure efficacité à travers une condition physique que vous devez améliorer en permanence.

A. Accroché sur le dos au bord du bassin

Vous pouvez voir et contrôler votre mouvement ; cette position facilite :

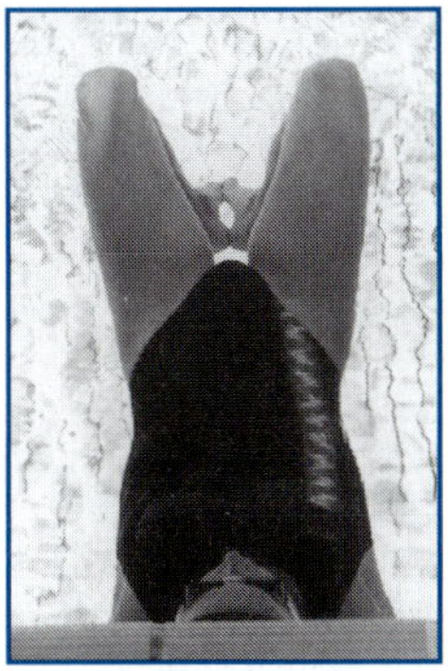

1. le retour des talons,

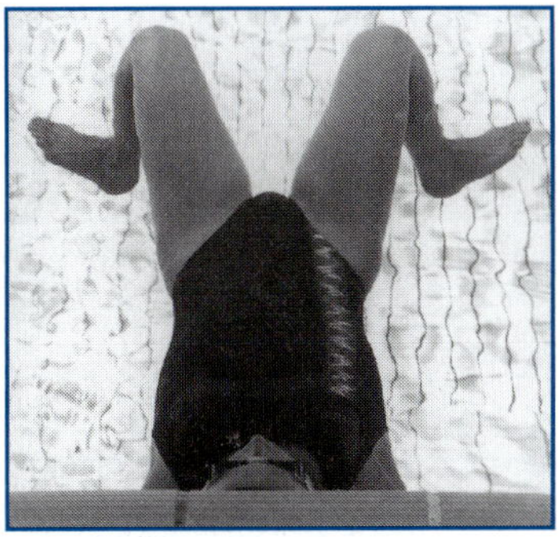

2. l'écartement des cuisses,

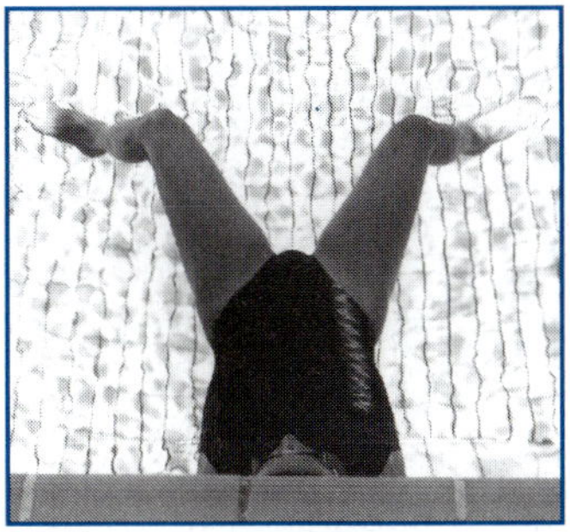

3. l'écartement de la pointe des pieds,

4. la première partie du mouvement de poussée vers l'arrière.

B. Sur le dos les bras le long du corps

Cet éducatif les bras le long du corps présente un certain nombre d'avantages qui facilitent l'exécution d'un bon mouvement :

1. il empêche un retour des genoux sur le ventre,

2. il permet un bon retour des talons sur les fesses,

3. la fin du mouvement d'allonge est naturelle.

C. Avec une planche et un pull buoy entre les cuisses

Le pull buoy est un petit flotteur dont la forme est adaptée aux cuisses des nageurs. Il facilite la flottabilité mais ne doit pas être trop gros. Avantage de cet exercice :

1. le ciseau est fait dans un plan vertical,

2. il évite un écartement important des cuisses et des genoux,

3. il évite un ramener des genoux sur le ventre pour favoriser un bon retour des talons aux fesses,

4. il rend obligatoire le mouvement de balayage vers l'extérieur.

D. Sans planche, les bras devant

Cet éducatif associe l'action des jambes à la respiration :

1. la tête qui est dans l'axe se redresse sur le retour des jambes,

2. l'inspiration se fait sur le balayage extérieur des jambes,

3. la tête est remise dans l'eau sur la deuxième partie du mouvement semi-circulaire,

4. elle revient dans l'axe du corps sur la fin de l'allongement des jambes.

Cet exercice permet de sentir le rôle de l'action de la tête qui provoque :

1. un bon retour des talons vers les fesses sans trop enfoncer les genoux,

2. un bon balayage extérieur pointes de pieds tirées,

3. un ample mouvement ondulatoire du corps, avec une remontée du bassin vers la surface,

4. une bonne poussée vers l'arrière des jambes,

5. un bon balayage intérieur des jambes et un retour des pointes de pieds dans l'axe,

6. une bonne allonge des jambes et une bonne glisse.

E. Sans planche, les bras derrière le long du corps

Les bras et les mains, proches de la surface, sont allongés vers l'arrière le long du corps. Les talons dans leur balayage extérieur doivent toucher les mains au passage. Cet éducatif facilite :

1. un bon balayage extérieur,

2. une bonne poussée vers l'arrière,

3. une bonne fixation du corps pour le transfert de la propulsion vers l'avant.

F. Avec la planche

Les ciseaux avec la planche sont faits entre chacun des exercices pour renforcer les acquis.

Le mouvement des bras

1. Au bord du bassin

Quelques explications :

a) Le mouvement de bras se déroule dans les deux plans : horizontal et vertical.

b) Il se divise en deux grandes phases, l'une propulsive et l'autre de retour.

c) Le retour se fait sous l'eau dans le sens opposé à l'avancement.

d) L'action propulsive se divise en quatre parties :
– la prise d'appui,
– le balayage extérieur,
– le balayage vers le bas,
– le balayage vers l'intérieur et le haut.

A. La prise d'appui

1. Sur la glisse du mouvement de jambes, les mains qui fixent l'appui sur l'eau sont poussées sur l'avant.

2. Après le temps de glisse qui dépend de la vitesse acquise, il faut, sur une prise d'appui accentuée, replacer le corps dans l'eau.

3. La fixation de l'eau dans les mains que cet appui provoque, permet ensuite un début de balayage extérieur immédiatement actif et efficace.

B. Le balayage extérieur

Après la prise d'appui :

1. Les paumes des mains sont orientées vers l'extérieur et l'arrière.

2. Les bras, allongés sans tension, s'écartent largement sous la surface jusqu'à un angle approximatif avec l'axe du corps de 45°.

C. Le balayage vers le bas

À la fin du balayage extérieur :

1. Les mains, à l'image de l'hélice, vont faire un mouvement circulaire sur la fixation des poignets. Les paumes s'orientent ainsi toujours vers l'extérieur mais aussi vers le bas et l'arrière.

2. Les bras, à la suite des mains, vont se fléchir sur la fixation des coudes qui restent proches de la surface.

3. Les avant-bras, dans un mouvement circulaire, s'enfoncent jusqu'à une flexion des coudes de 90°.

D. Le balayage vers l'intérieur et le haut

Dans la continuité du mouvement :

1. Les mains, toujours comme une hélice, poursuivent leur mouvement circulaire pour s'orienter de l'extérieur, l'arrière et le bas vers l'intérieur, l'arrière et le haut.

2. Le balayage vers l'intérieur et le haut des avant-bras se fait dans un premier temps sur la fixation des coudes.

3. Dans un second temps, les coudes et les avant-bras facilitent la remontée des mains vers la surface, en s'abaissant activement sur l'appui de l'eau jusqu'à ce qu'ils viennent se rejoindre sous la poitrine.

4. Cette action active fait revenir les mains vers la surface et facilite le dégagement des épaules de l'eau.

5. Les mains et les avant-bras, de nouveau en appui sur l'eau, facilitent une position haute du corps pour la respiration et le retour des jambes.

6. C'est sur cet appui que les jambes vont pouvoir commencer leurs balayages extérieurs et que les bras vont s'allonger pour le retour vers l'avant.

E. Le retour passif vers l'avant

1. La première partie du retour des bras se fait passivement à la suite de l'action propulsive.

2. Les mains et les avant-bras, en appui sur l'eau, maintiennent la position du corps.

3. Cet appui permet une bonne fixation du corps qui est propulsé sur l'avant par l'action des jambes.

4. Sur la fin des jambes, les mains sont poussées activement sur l'avant par les bras qui s'allongent.

5. Il faut profiter de la glisse, maintenir la position tant que la vitesse acquise le permet.

6. On participe activement à cette glisse par une action des mains qui vont chercher un appui le plus en avant possible.

Il faut se glisser dans l'eau, en offrant le moins de résistance possible, tout en se servant de l'appui pour la fixation et le maintien du corps dans une bonne position, car le retour se fait sous l'eau et dans un sens opposé au déplacement.

2. Dans l'eau

Nous rappelons que les transformations des mouvements de bras et de jambes sont à mener en parallèle. D'abord parce que nous maîtrisons une technique d'initiation, mais aussi parce que les mouvements se font simultanément, enfin parce que les jambes servent les bras qui eux-mêmes servent ensuite à leur tour les jambes. Voici quelques exercices qui vous permettront de travailler plus spécifiquement les bras.

A. Nagez la tête hors de l'eau

Dans un premier temps avec des battements de jambes du crawl, puis ensuite avec le ciseau.

En nageant la tête hors de l'eau, vous pouvez contrôler visuellement votre mouvement. Placez cependant correctement les phases d'expiration et d'inspiration de la respiration sur vos mouvements. Cette façon de faire présente beaucoup d'avantages :

1. Vous contrôlez votre prise d'appui et le placement de vos mains vers l'extérieur, l'arrière et le bas.

2. Vous contrôlez et sentez le balayage extérieur.

3. La godille vers le bas est plus difficile à voir et à sentir : il faut que vous l'associiez à un élèvement des épaules et de la tête.

4. Vous percevez bien le rôle de la godille intérieure et vers le haut ainsi que les différents mouvements de transition des mains autour des poignets.

5. La poussée vers le bas des coudes et des avant-bras qui se groupent sous la poitrine, facilite le mouvement vers le haut des mains sans les déplacer vers l'avant. Cette action induit un dégagement vers le haut des épaules et de la tête ; attention à ne pas aller aussi vers l'arrière mais toujours vers l'avant.

6. Vous percevez aussi le retour des bras et l'appui sur l'eau.

B. Nagez avec un pull buoy

Nagez sur les bras avec un pull buoy entre les cuisses qui vous aide à maintenir une bonne flottabilité des jambes. Cet exercice qui vous permet de vous concentrer sur vos bras peut être fait avec la tête hors de l'eau ou avec une respiration normale. C'est à vous de déterminer ce qui vous convient le mieux.

C. Travail d'amplitude du mouvement de bras

En commençant avec les jambes seules, associez une action des mains, puis des mains et des avant-bras, pour enchaîner par un mouvement complet que vous allez progressivement agrandir, à partir de la godille extérieure, jusqu'à ce que vous perceviez vous-même l'amplitude la plus juste.

La coordination et le rôle de la tête

L'action de la tête est très importante en brasse :

• Elle a un rôle dans le maintien de la position du corps.

• Elle est déterminante dans le placement de la respiration, pour la coordination de la nage et pour la bonne exécution des mouvements de bras et de jambes.

• Elle accompagne le mouvement ondulatoire du corps et des épaules qui est la conséquence des actions motrices des bras et des jambes.

La coordination se passe de la façon suivante :

1. La tête, dans l'axe sur la glisse, se redresse et replace le corps sur la prise d'appui.

2. Ce mouvement qui s'accentue sur la godille extérieure déclenche l'abaissement des hanches et le retour des jambes par les talons vers les fesses.

3. La tête, sur la godille vers le bas, sort de l'eau vers le haut et l'avant. Les épaules suivent.

4. La fin du retour des jambes, de l'expiration et de l'inspiration qui s'enchaînent, se fait pendant la godille vers l'intérieur et le haut, grâce à l'action des coudes et des avant-bras.

5. Après l'inspiration, facilitée par le relâchement des efforts musculaires et par l'appui des mains et des avant-bras, la tête, dans un mouvement arrondi vers l'avant et le bas, va accompagner progressivement les bras, dans leur retour, sur la prise d'appui et le balayage extérieur des jambes.

6. La tête passe sous la surface pendant le balayage intérieur des jambes. Elle aide le mouvement général du corps en se replaçant dans l'axe et par une action active d'étirement vers l'avant.

7. On maintient la position pour profiter de la glisse et de la vitesse induite par l'action des jambes avant de recommencer tranquillement un autre cycle.

Déroulement d'un cycle complet de nage

1. La glisse et la prise d'appui

2. Balayage extérieur

3. Balayage vers le bas

4. Balayage vers l'intérieur et le haut

5. Retour des bras vers l'avant et la glisse

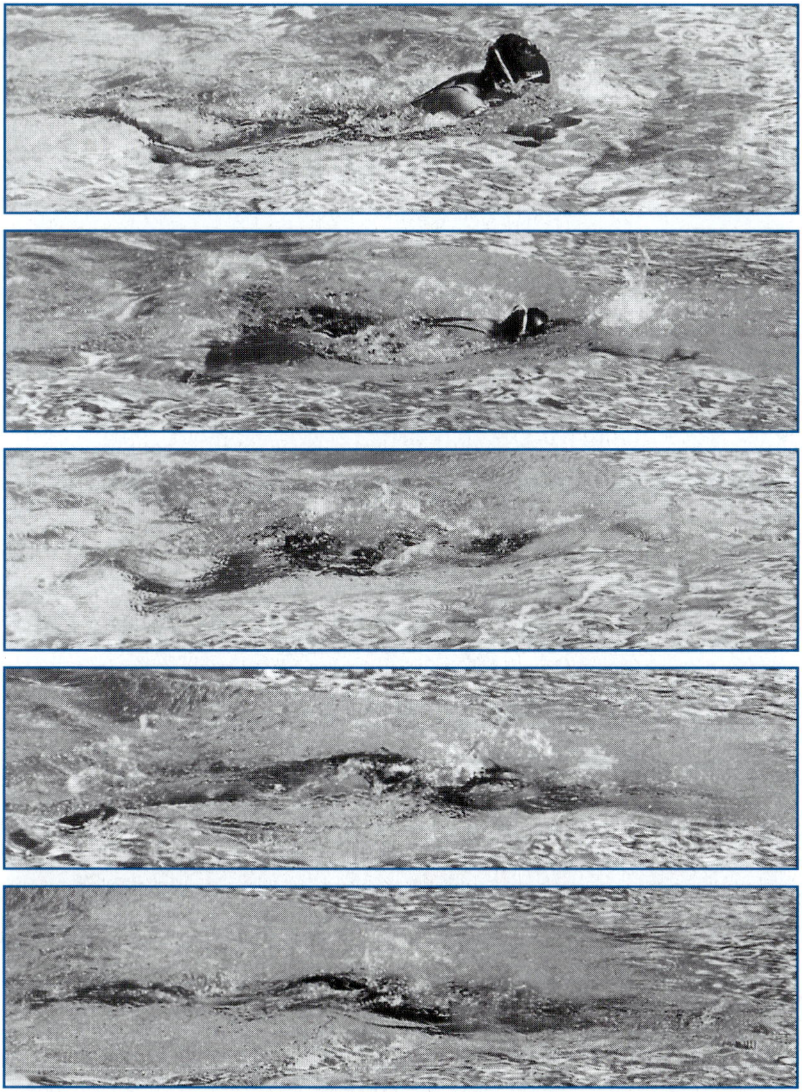

Un certain nombre d'éducatifs peuvent vous être utiles pour améliorer votre coordination et vos mouvements de bras et de jambes.

Des éducatifs pour la brasse

1. Mouvement avec un bras sur le ciseau de jambes

À la suite des jambes, vous faites le mouvement de bras avec un seul bras et avec une respiration normale. L'autre bras reste en appui avant. Faites le même exercice avec l'autre bras allongé le long du corps.

2. Le rattrapé

Sur les jambes, faites un mouvement du bras droit, le gauche restant en appui, puis, après le ciseau, c'est le bras gauche qui agit, le droit restant à son tour en appui. La respiration se fait normalement.

3. Le rattrapé enchaîné avec la nage complète

Même éducatif que le précédent mais en enchaînant avec un cycle de nage complète après l'action de chacun des bras.

4. Deux mouvements de jambes, un de bras

Deux ciseaux de jambes, les bras en appui avant, puis un mouvement de bras qui s'enchaîne avant de refaire deux ciseaux. Respirez normalement.

5. Deux mouvements de bras, un de jambes

Deux mouvements de bras puis un mouvement de jambes qui s'enchaîne sur les bras et ainsi de suite.

6. Passer sous les lignes d'eau

Dans un bassin avec des lignes d'eau en place, nagez, si cela est possible, en travers. Vous devez passer votre tête sous la surface, juste sous la ligne, pour induire un long mouvement ondulatoire. Vous ne faites qu'un cycle de nage par ligne. En respirant, vous vous fixez un objectif à atteindre, c'est la ligne de bouchons suivante.

Le papillon

Le papillon est la technique de nage qui est généralement abordée en dernier car elle requiert un bon niveau d'entraînement et une bonne condition physique.

Pour schématiser nous pourrions dire que le papillon est un crawl simultané avec une prise de respiration de face qui facilite le mouvement et la coordination. Certains nageurs de haut niveau, très souples et très habiles, respirent sur le côté comme en crawl.

Le mouvement des jambes

Le dauphin est un battement de crawl fait simultanément des deux jambes qui part des hanches.

1. C'est un mouvement ondulatoire qui se compose de deux battements, un vers le bas, l'autre vers le haut.

2. Les genoux s'écartent légèrement afin que les chevilles puissent agir, à l'image d'une hélice sur l'appui de l'eau et grâce à leur souplesse, à l'intérieur de l'axe des jambes.

3. Il faut faire attention à ne pas trop plier les genoux, c'est un travail de toute la jambe.

4. Il y a deux dauphins par cycle de bras.

1. Avec une planche

L'apprentissage et la maîtrise du dauphin avec la planche doit être associés à la respiration. Attention à ne pas trop fléchir les genoux.

a) Dauphins avec les bras sur la planche.

b) Dauphins en tenant la planche à bout de bras.

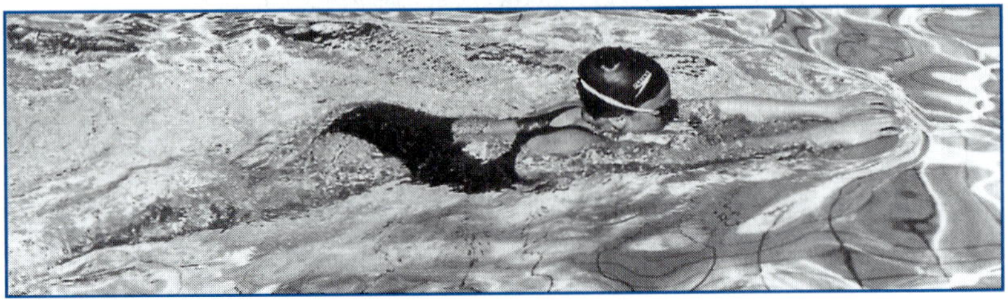

2. Sans planche

Après avoir pris une bonne respiration, allez sous l'eau pour faire des ondulations. Le mouvement qui se fait à partir des hanches est induit par la tête :

a) avec les bras en appui avant.

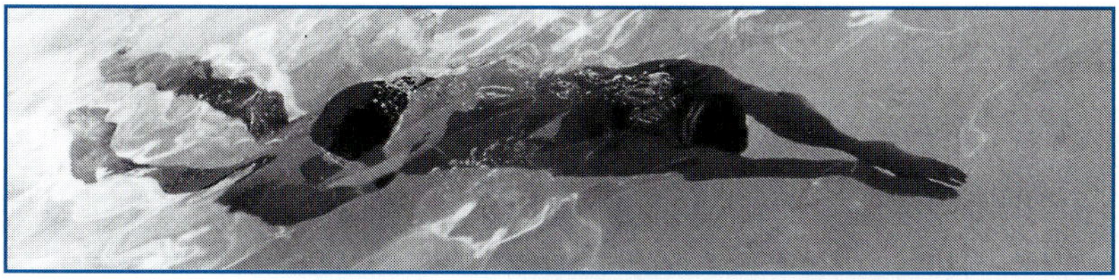

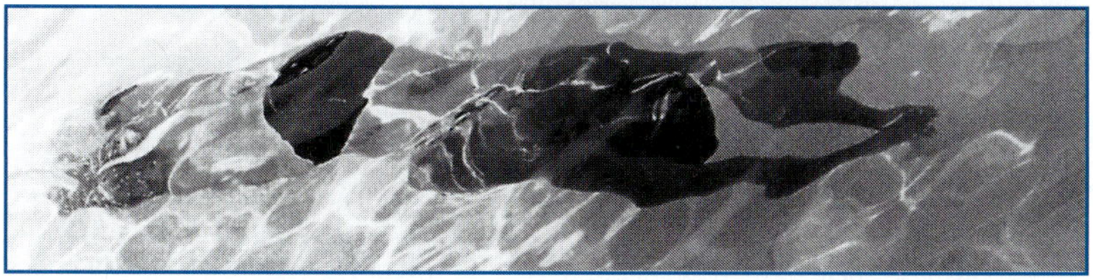

b) avec les bras le long du corps.

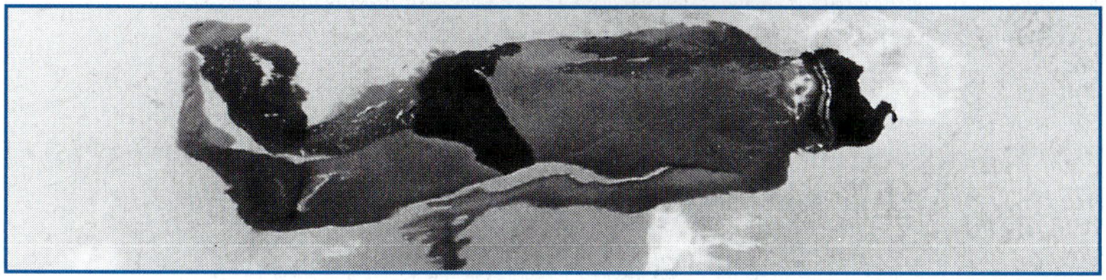

Revenez à la surface, après 4 ou 5 dauphins, par un mouvement de bras de brasse ou de papillon quand vous serez suffisamment expérimenté, pour prendre une bonne inspiration et recommencer.

Le mouvement des bras

Il se compose d'un mouvement propulsif sous-marin et d'un retour aérien qui s'enchaîne.

1. Le mouvement sous-marin se compose

a) d'une prise d'appui,

b) d'un balayage extérieur,

c) d'une godille vers le bas et l'intérieur,

d) **d'un balayage vers le haut, l'arrière et l'extérieur.**

La forme du mouvement des mains qui se déplacent sous l'eau peut être assimilée à un trou de serrure.

2. Le retour aérien

Les bras allongés et relâchés sont ramenés vers l'avant dans un mouvement semi-circulaire latéral, proche de la surface, qui s'enchaîne à la dernière godille.

La tête, comme en brasse, va jouer un rôle important. Elle facilite le mouvement et participe à une bonne coordination des bras et des jambes. Nous verrons, après avoir parlé de la respiration et du rôle de la tête, quelques éducatifs qui vous permettront de vous initier au mouvement de bras du papillon.

La nage complète

1. Déroulement de deux cycles complets de nage avec une seule respiration

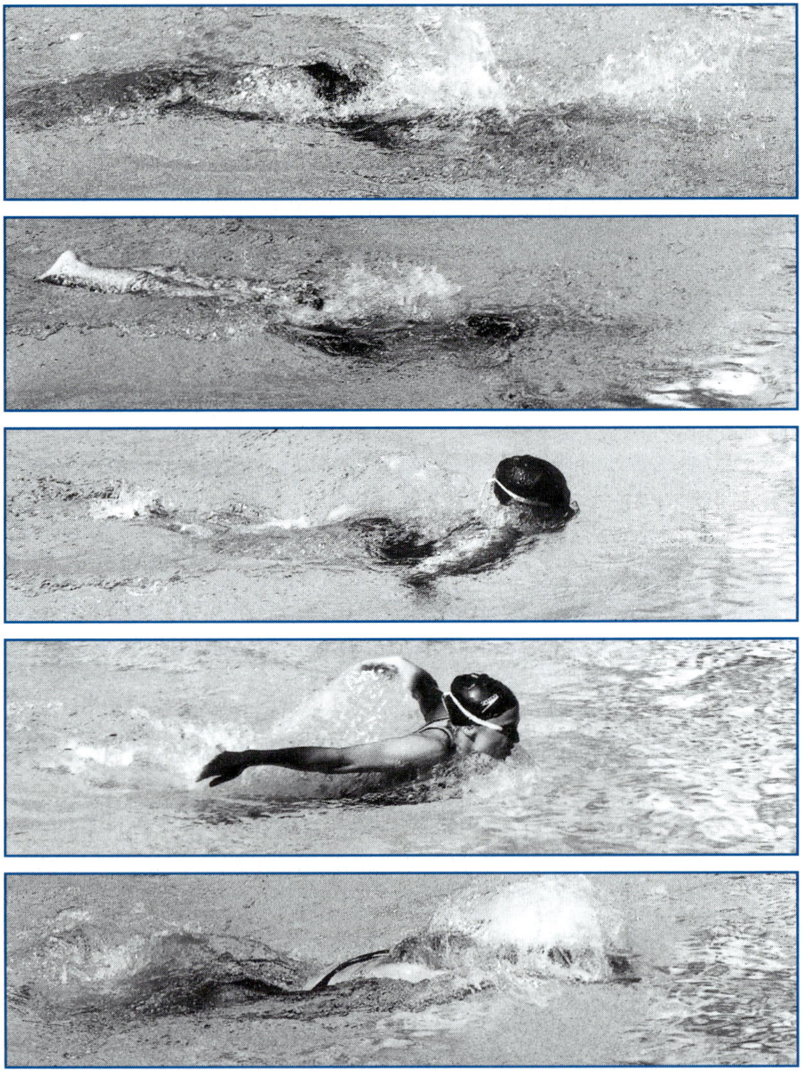

2. La respiration et le rôle de la tête dans la coordination

La respiration se prend de face, le menton relevé vers l'avant. Pour les besoins de la coordination et parce qu'il faut maintenir une position la plus à plat possible, on ne respire qu'une fois tous les deux cycles de bras. La tête, sur le cycle en apnée, est cependant très active, elle agit de la même façon mais elle ne sort pas de l'eau.

a) La tête, tout en s'étirant vers l'avant, reste rentrée, menton contre la poitrine, sur la prise d'appui des mains. Elle facilite ainsi une bonne allonge, mais aussi et surtout un passage des épaules pardessus elle et un mouvement de suspension qui induit une ondulation de l'ensemble du corps. Elle poursuit ce mouvement sur la durée de la godille extérieure.

b) Elle se replace puis se redresse sur la godille vers le bas et l'intérieur.

c) En continuant de se redresser, elle revient vers la surface et sort de l'eau pour la respiration sur le balayage vers le haut, l'arrière et l'extérieur.

d) De la sortie des bras jusqu'au retour au niveau des épaules, la tête reste hors de l'eau pour l'inspiration, le menton relevé reste proche de la surface.

e) À partir des épaules, la tête accompagne et aide le mouvement de retour des bras vers l'avant. Elle entre dans l'eau sur l'attaque des bras, le menton contre la poitrine. Elle reste dans cette position durant toute l'allonge, la prise d'appui, la godille extérieure et jusqu'au balayage vers le bas et l'intérieur.

Nous vous rappelons qu'il y a deux dauphins par cycle de bras. Chaque dauphin se compose d'un battement vers le bas et d'un autre vers le haut.

- **Le premier dauphin** se place sur l'attaque des bras et l'étirement vers l'avant.
- **Le deuxième dauphin** se place sur la godille vers le haut, l'arrière et l'extérieur.

Quelques éducatifs sont utiles pour améliorer la coordination et la technique.

3. Le rattrapé

Avec des ondulations de jambes et une respiration prise de face, faites un mouvement du bras droit avec retour aérien sur le côté, le bras gauche restant en appui avant. Enchaînez ensuite avec l'autre bras, le premier restant à son tour en appui et ainsi de suite.

g) Quand la tête se retrouve au niveau des genoux, le dos en appui sur l'eau vers le fond est parallèle à la surface.

h) La bascule des reins provoquée par le mouvement de remontée de la tête aux genoux, est naturelle. C'est elle qui va entraîner le passage automatique des jambes qui doit se faire sans effort.

i) À la suite de la bascule des reins, les jambes qui sortent de l'eau allongées se fléchissent et se groupent rapidement.

j) Elles entrent dans l'eau groupées sans toucher le mur et le restent jusqu'à ce qu'elles se retrouvent au niveau de la tête.

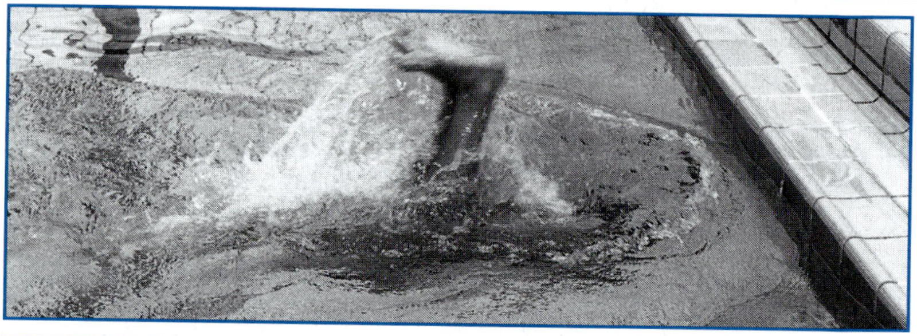

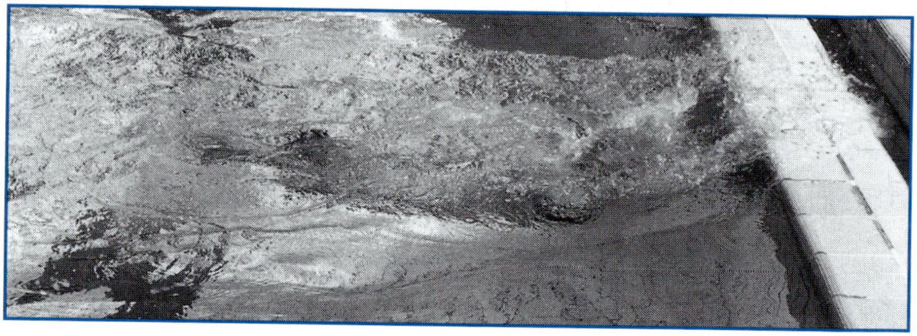

3. Prise d'appui, poussée, glisse et reprise de nage

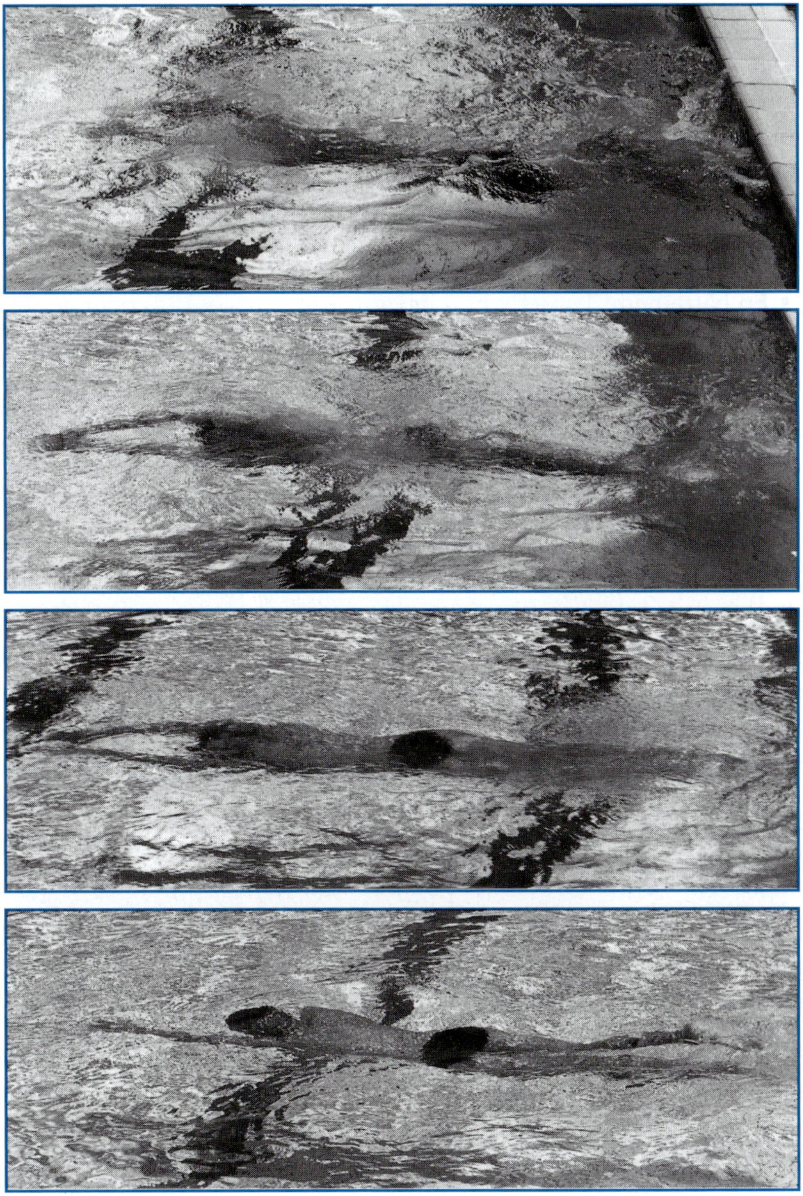

B. Demi-culbute autour d'une ligne d'eau

- Les deux bras allongés tenant une ligne, déhalez-vous dessus.
- Enclenchez, avec la tête, votre rotation.
- Ramenez votre tête sous la ligne puis sous vos genoux en gardant les jambes allongées en surface. Sentez la bascule des reins qui tend à faire sortir les jambes de l'eau. Arrêtez-vous à ce moment-là et recommencez plusieurs fois cet exercice.

C. Virage culbute avec l'aide de la ligne

Reproduisez l'exercice précédent et terminez le mouvement en laissant passer les jambes.

D. Culbute en eau libre

Sur le battement et à la suite de la traction des bras, faites la culbute complète. Faites une reprise de nage avec battements et traction des bras, enchaînez avec deux cycles complets de virages et recommencez.

E. La culbute au mur

Essayez enfin contre le mur en marquant un temps d'arrêt entre chacune des phases.

- Faites cela sur les battements les deux bras le long du corps.
- Puis avec une traction des deux bras.
- Avec une traction d'un seul bras.
- Enfin en nageant.
- Pratiquez de nombreux essais pour améliorer vos perceptions et votre efficacité.

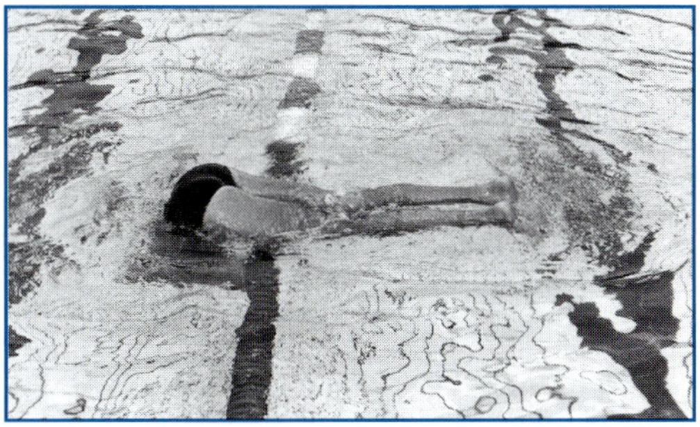

Assis au bord du bassin

La position : Assis au bord du bassin, les pieds dans la rigole. La tête est entre les bras qui sont allongés vers l'eau, les mains l'une sur l'autre.

Le mouvement : Placez-vous en déséquilibre avant. En gardant votre tête entre vos bras, le menton contre la poitrine, vous vous laissez tomber dans l'eau en essayant d'entrer les mains le plus près du mur.

1. Vous restez groupé en entrant dans l'eau.

2. Vous poussez sur vos pieds pour allonger vos jambes au moment de l'entrée dans l'eau.

3. Prise d'appui, poussée, glisse et reprise de nage

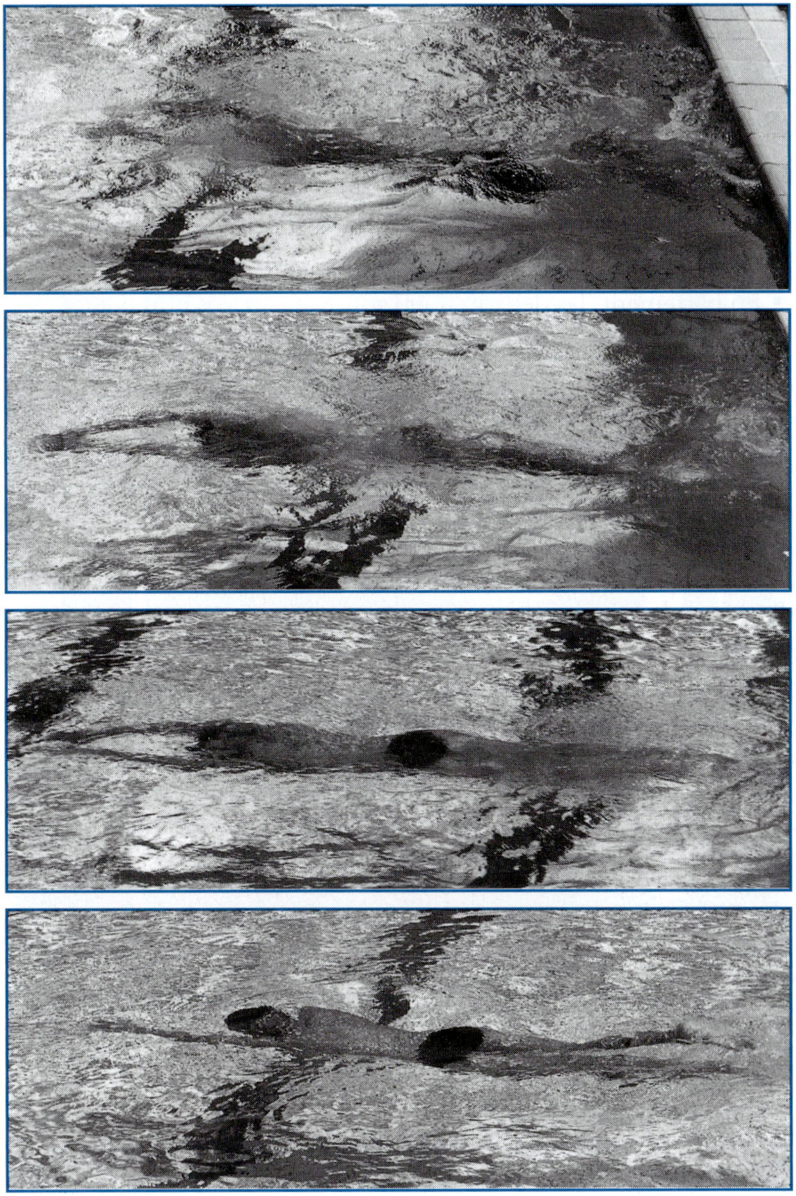

le virage

B. Demi-culbute autour d'une ligne d'eau

- Les deux bras allongés tenant une ligne, déhalez-vous dessus.
- Enclenchez, avec la tête, votre rotation.
- Ramenez votre tête sous la ligne puis sous vos genoux en gardant les jambes allongées en surface. Sentez la bascule des reins qui tend à faire sortir les jambes de l'eau. Arrêtez-vous à ce moment-là et recommencez plusieurs fois cet exercice.

C. Virage culbute avec l'aide de la ligne

Reproduisez l'exercice précédent et terminez le mouvement en laissant passer les jambes.

D. Culbute en eau libre

Sur le battement et à la suite de la traction des bras, faites la culbute complète. Faites une reprise de nage avec battements et traction des bras, enchaînez avec deux cycles complets de virages et recommencez.

E. La culbute au mur

Essayez enfin contre le mur en marquant un temps d'arrêt entre chacune des phases.

- Faites cela sur les battements les deux bras le long du corps.
- Puis avec une traction des deux bras.
- Avec une traction d'un seul bras.
- Enfin en nageant.
- Pratiquez de nombreux essais pour améliorer vos perceptions et votre efficacité.

Accroupi, un genou au sol

La position : Un genou au bord, les doigts de pied de l'autre jambe accrochés. La tête entre les bras qui sont allongés vers l'eau, les mains l'une sur l'autre.

Le mouvement : Il est identique au précédent. Dans votre chute vers l'avant, vous poussez sur le pied accroché au bord du bassin pour allonger vos jambes. Attention à garder votre tête entre vos bras.

Accroupi au bord du bassin

La position : Accroupi au bord du bassin, les doigts de pied accrochés, la tête entre les bras qui sont allongés vers l'eau.

Le mouvement : Il est identique au précédent. Dans votre chute vers l'avant, vous poussez sur vos pieds accrochés au bord pour allonger vos jambes. Attention à garder votre tête entre vos bras.

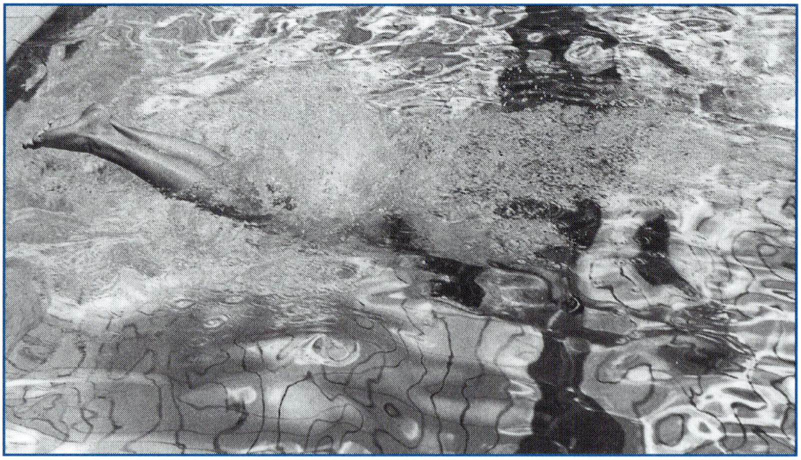

Debout au bord du bassin

1. 1er éducatif

La position : Debout, un pied accroché, l'autre légèrement sur l'arrière. Le tronc fléchi, la tête entre les bras qui sont allongés le plus bas possible le long de la jambe avant, les mains l'une sur l'autre.

Le mouvement : Vous fléchissez votre tronc sur les jambes en descendant vos mains vers l'eau tout en gardant votre menton contre la poitrine. Accentuez votre flexion en relevant la jambe arrière tendue et laissez-vous chuter dans l'eau tout en gardant votre menton contre la poitrine.

2. 2e éducatif

La position : C'est la même que pour l'éducatif précédent mais les deux pieds sont accrochés au bord.

Le mouvement : L'exercice est le même, vous vous laissez tomber passivement dans l'eau par la flexion du tronc sur les jambes. Les mains restent le plus près possible du corps et du bord du bassin. La tête reste entre les bras et le menton contre la poitrine.

1. Chute passive.

2. Poussée des jambes sur le bord dans la chute.

3. 3e éducatif

La position : Les deux pieds accrochés, les bras à l'horizontale, les mains l'une sur l'autre, la tête légèrement relevée.

Le matériel : Il faut utiliser une perche ou un manche à balai qu'un ami tend à l'horizontale devant le plongeur.

Le mouvement : Vous devez pousser sur vos jambes en regardant la perche puis l'enrouler par une action de la tête avant de rentrer dans l'eau.

Un plongeon de compétition dit Grab start

La position : Les doigts de pied accrochés, les jambes pliées, le tronc très proche des cuisses pour que les mains puissent s'accrocher au bord du plot de départ.

Le mouvement : Les mains tirent vers le bas pour entraîner le déséquilibre vers l'avant, les jambes se plient. Les mains prennent ensuite appui sur le plot pour lancer les bras vers l'avant, mouvement sur lequel les jambes coordonnent la poussée.

2
3

2
3
4
5
6

Organisation d'un programme de progression en natation

Les principes

1. Pour mettre en place un programme, il faut agir par étapes.

2. Quel que soit votre niveau (maîtrise de la flottabilité, pratique d'une nage de débutant, utilisation nécessaire ou non d'une ceinture de flottabilité) il est indispensable de ne pas négliger un bon départ, la respiration, les bases communes etc. qui seront le gage ensuite de réussites dont vous ne pouvez rêver aujourd'hui.

3. Suivant votre niveau, votre confiance ou vos craintes, vous pouvez commencer avec une ceinture dont vous réduirez progressivement le nombre des bouchons jusqu'à l'enlever complètement.

4. Il est indispensable de passer par chacune des étapes que nous avons vues.

5. Avec ou sans ceinture, le programme est le même.

6. Il faut maîtriser un exercice avant de passer au suivant.

Organisation de la séance

1. Un petit échauffement musculaire à sec est indispensable.

2. La moitié de la séance dans l'eau est consacrée à la reprise des exercices précédents, pour les réviser et les renforcer.

3. La deuxième partie est consacrée à l'apprentissage des difficultés suivantes.

4. Quelques minutes sont nécessaires à la fin pour une découverte de l'exercice qui fera l'objet de la prochaine séance.

5. Une petite détente pour tous, mais pour les enfants particulièrement, n'est pas de trop si l'on dispose d'un peu de temps.

L'échauffement musculaire à sec

Vous devez consacrer cinq minutes de votre temps à un petit échauffement musculaire général que vous ferez chez vous ou sur le bord du bassin :

- Échauffement et assouplissement des épaules en faisant des mouvements de rotation des bras.
- Échauffement et assouplissement de la taille par des mouvements de rotation et de flexion.
- Échauffement et étirement des jambes.
- Quelques abdominaux à partir d'une position de départ tronc/jambes de 90°, les pieds en appui non fixés contre le mur. L'exercice consiste à réduire l'angle de départ de 90° du tronc et des jambes en ramenant le tronc, avec ou sans l'aide des bras, vers les cuisses.
- Travail des lombaires pour équilibrer l'action des abdominaux, allongé sur le ventre en faisant des battements de pieds et de jambes.
- Peut-être quelques tractions de bras et pompes, etc.

LES BASES TECHNIQUES
6 séances, 3 d'apprentissage, 3 d'entraînement

Séance 3 : Apprentissage

1. *Révision des exercices appris.*
– La respiration latérale et alternative en soufflant le plus longtemps possible dans l'eau.
– S'allonger et se redresser sur le ventre et sur le dos.
– Glissées et battements de jambes sur le ventre.
– Coulées et sortie de l'eau avec quelques battements de jambes sur le ventre.

2. Renforcement et entraînement du battement de jambes.

10 x 2 largeurs avec 10 secondes de pause et 20 secondes de repos entre les répétitions de 2 largeurs.

3. Apprentissage de la glissée dorsale en essayant d'allonger au maximum le temps de glisse et la longueur de la glissée.

a) Avec l'aide d'une planche tenue par les mains à bout de bras.

10 glissées en cherchant toujours à maintenir la position le plus longtemps possible et à allonger la longueur de la glissée. Redressez-vous et revenez au mur.

b) Sans planche, bras allongés en appui sur l'eau, les mains posées l'une sur l'autre, la tête dans l'axe.

10 glissées.

4. Glissées dorsales et battements de jambes pour traverser la piscine avec une planche.

10 largeurs, les bras bien allongés tenant la planche par les mains.

5. Apprentissage de la coulée dorsale.

a) 5 coulées en faisant attention à bien descendre sous l'eau et à bien être placé dans l'axe avant de pousser au mur. Les mains sont placées l'une sur l'autre, les bras sont bien tendus. Allonger le temps et la longueur de la coulée.

b) 5 coulées en faisant quelques battements en fin de coulée pour faciliter la sortie de l'eau.

6. Renforcement et entraînement du battement de jambes.

10 x 2 largeurs avec 10 secondes de pause et 20 secondes de repos entre les répétitions de 2 largeurs.

Total
700 m

LES BASES TECHNIQUES
6 séances, 3 d'apprentissage, 3 d'entraînement

Séance 4 : Renforcement et entraînement

1. ***Révision des exercices appris.***

– La respiration latérale et alternative en soufflant le plus longtemps possible dans l'eau.

– S'allonger et se redresser sur le ventre et sur le dos.

– Glissées et battements de jambes sur le ventre et sur le dos.

– Coulées et sortie de l'eau avec quelques battements de jambes sur le ventre et sur le dos.

2. **Renforcement et entraînement du battement de jambes sur le ventre.**

10 x 25 m récupération 15", avec une planche les bras allongés posés dessus.

6 x 25 m récupération 15", planche à bout de bras avec respiration latérale et alternative.

3. **Coulées ventrales avec sortie et largeurs du bassin en battement de jambes, les bras allongés devant et respiration latérale et alternative.**

10 largeurs.

4. **Renforcement et entraînement du battement de dos.**

6 x 25 m récup. 15", avec une planche tenue à bout de bras.

4 x 25 m récup. 15", sans planche, les bras allongés, les mains l'une sur l'autre avec la coulée.

Total 800 m

LES BASES TECHNIQUES
6 séances, 3 d'apprentissage, 3 d'entraînement

Séance 5 : Renforcement et entraînement

1. *Révision des exercices appris.*
– La respiration latérale et alternative en soufflant le plus longtemps possible dans l'eau.
– S'allonger et se redresser sur le ventre et sur le dos.
– Glissées et battements de jambes sur le ventre et sur le dos.
– Coulées et sortie de l'eau avec quelques battements de jambes sur le ventre et sur le dos.

2. Renforcement et entraînement du battement de jambes sur le ventre.

10 x 25 m récupération 15", avec une planche les bras allongés posés dessus.

8 x 25 m récupération 15", planche à bout de bras avec respiration latérale et alternative.

3. Coulées ventrales avec sortie et largeurs du bassin en battement de jambes, les bras allongés devant et respiration latérale et alternative.

4 x 25 m.

4. Renforcement et entraînement du battement de dos.

8 x 25 m récup. 15", avec une planche tenue à bout de bras.

6 x 25 m récup. 15", sans planche, les bras allongés, les mains l'une sur l'autre avec la coulée.

Total
1000 m

LES BASES TECHNIQUES
6 séances, 3 d'apprentissage, 3 d'entraînement

Séance 6 : Renforcement et entraînement

1. *Révision des exercices appris.*
– La respiration latérale et alternative en soufflant le plus longtemps possible dans l'eau.
– S'allonger et se redresser sur le ventre et sur le dos.
– Glissées et battements de jambes sur le ventre et sur le dos.
– Coulées et sortie de l'eau avec quelques battements de jambes sur le ventre et sur le dos.

2. Renforcement et entraînement du battement de jambes sur le ventre.

6 x (2 x 25 m) 10" de pause entre les 2 x 25 et 20" de repos entre les répétitions, avec une planche les bras allongés posés dessus.

10 x 25 m récupération 15", planche tenue avec un bras, l'autre allongé le long du corps avec la respiration latérale du même côté.

3. Coulées ventrales avec sortie de l'eau et longueurs de bassin en battement de jambes, un bras allongé devant, l'autre allongé le long du corps avec respiration latérale du même côté.

6 x 25 m récup. 20".

4. Renforcement et entraînement du battement de dos.

5 x (2 x 25 m) pause de 10" et 20" de repos, avec une planche tenue à bout de bras.

8 x 25 m récup. 15", sans planche, les bras allongés, les mains l'une sur l'autre avec la coulée.

Total *1250 m*

LA PREMIÈRE BRASSE
6 séances, 3 pour les jambes et 3 pour les bras et la nage

Séance 1 : Apprentissage du mouvement de jambes

1. ***Révision des exercices appris.***
– 4 x 25 m R = 10", en battement de jambes de crawl avec la planche.
– 4 x 25 m R = 10", la planche tenue avec un bras, l'autre le long du corps et respiration latérale.
– 4 x 25 m R = 10", sans planche, un bras devant, l'autre le long du corps avec respiration.
– 4 x 25 m R = 10", battement de dos les bras allongés, les mains l'une sur l'autre.

2. Apprentissage du mouvement de jambes de brasse à sec.

Reproduire plusieurs fois les mouvements à sec pour bien les assimiler avant d'aller dans l'eau.

3. Apprentissage du mouvement de jambes de brasse en appui au mur.

Sur le dos, 10 x 4 mouvements cette position permet de bien visualiser le mouvement dans l'eau.

Sur le ventre, 10 x 4 mouvements.

4. Apprentissage du mouvement de jambes de brasse avec une planche.

6 largeurs R = 15" de ciseaux de brasse avec les bras allongés, posés sur la planche.

4 x 25 m R = 10" de battement de crawl.

6 largeurs R = 15" de ciseaux de brasse avec les bras allongés, posés sur la planche.

4 x 25 m R = 10" de battement de dos.

4 x 25 m R = 15" de ciseaux de brasse avec les bras allongés, posés sur la planche.

4 x 25 m R = 10" de battement de crawl.

4 x 25 m R = 15" de ciseaux de brasse avec les bras allongés, posés sur la planche.

5. Mouvement de jambes de brasse avec respiration, la planche tenue au milieu par les mains.

On relève la tête en groupant les jambes, on respire en les écartant, on remet la tête dans l'eau en les serrant et on expire sur la glisse en s'allongeant bien à plat.

4 x 25 m R = 20".

Total *1200 m*

LA PREMIÈRE BRASSE
6 séances, 3 pour les jambes et 3 pour les bras et la nage

Séance 2 : Renforcement et entraînement du mouvement de jambes

1. *Révision des exercices appris.*

– 4 x 25 m R = 10'', en battement de jambes de crawl avec la planche.

– 4 x 25 m R = 10'', la planche tenue avec un bras et respiration latérale.

– 4 x 25 m R = 10'', sans planche, un bras devant, l'autre le long du corps avec respiration.

– 4 x 25 m R = 10'', battement de dos les bras allongés, les mains l'une sur l'autre.

– 4 x 25 m R = 15'', ciseaux de brasse avec la planche.

2. Renforcement du mouvement de jambes de brasse avec une planche.

8 x 25 m R = 15'' de ciseaux de brasse.

4 x 25 m R = 10'' de battement de dos.

4 x (2 x 25 m) R = 15'' et 20'' de ciseaux.

3. Mouvement de jambes de brasse avec respiration, la planche tenue au milieu par les mains.

6 x 25 m R = 15'' en soufflant bien dans l'eau et en allongeant le temps de glisse.

4. Mouvement de jambes de brasse avec respiration, la planche tenue à bout de bras.

4 x 25 m R = 15'', attention à bien s'allonger.

Total

1250 m

LA PREMIÈRE BRASSE
6 séances, 3 pour les jambes et 3 pour les bras et la nage

Séance 3 : Renforcement et entraînement du mouvement de jambes

1. ***Révision des exercices appris.***
– 4 x 25 m R = 10", en battement de jambes de crawl avec la planche.
– 4 x 25 m R = 10", la planche tenue avec un bras et respiration latérale.
– 4 x 25 m R = 10", sans planche, un bras devant, l'autre le long du corps avec respiration.
– 4 x 25 m R = 10", battement de dos les bras allongés, les mains l'une sur l'autre.

2. **Renforcement du mouvement de jambes de brasse avec une planche.**

10 x 25 m R = 15" de ciseaux de brasse.

4 x 25 m R = 10" de battement de dos.

5 x (2 x 25 m) R = 15" et 20" de ciseaux.

3. **Mouvement de jambes de brasse avec respiration, la planche tenue à bout de bras.**

8 x 25 m R = 15", attention à bien s'allonger.

4. **Mouvement de jambes de brasse avec respiration, sans planche, les bras allongés en appui sur l'eau.**

4 x 25 m R = 20", bien souffler sur la glisse en étant bien à plat sur l'eau.

Total 1300 m

LA PREMIÈRE BRASSE
6 séances, 3 pour les jambes et 3 pour les bras et la nage

Séance 4 : Apprentissage du mouvement de bras de la nage

1. *Révision des exercices appris.*
– 4 x 25 m R = 10", en battement de jambes de crawl avec la planche.
– 4 x 25 m R = 10", la planche tenue avec un bras et respiration latérale.
– 4 x 25 m R = 10", sans planche, un bras devant, l'autre le long du corps avec respiration.
– 4 x 25 m R = 10", battement de dos les bras allongés, les mains l'une sur l'autre.

2. Renforcement du mouvement de jambes.

5 x (2 x 25 m) R = 10" et 20" de ciseaux de brasse avec la planche.

6 x 25 m R = 10", la planche tenue à bout de bras avec la respiration.

4 x 25 m R = 15", sans planche, les bras allongés en appui sur l'eau avec la respiration.

3. Apprentissage du mouvement de bras et de la coordination avec les jambes à sec.

Faire plusieurs répétitions du mouvement de bras seul pour bien l'assimiler, puis l'associer rapidement avec le mouvement des jambes. Répéter plusieurs fois les mouvements pour bien les assimiler.

4. Le mouvement dans l'eau.

Faire le mouvement de bras dans l'eau, debout, les pieds au fond dans la partie la moins profonde du bassin, en étant légèrement incliné. Ressentez bien l'action des bras et l'appui sur l'eau.

2 à 3 x 10 mouvements.

5. Le mouvement de bras dans l'eau avec les jambes et la tête hors de l'eau.

Sur le ciseau de jambes, vous faites votre mouvement de bras en le regardant. Il faut le faire lentement en lui donnant le plus d'amplitude possible. Allongez les bras au maximum vers l'avant en vous mettant le plus à plat possible sur l'eau.
10 Largeurs avec 15" de récupération.

6. La nage avec la respiration.

Il faut immédiatement associer la respiration que vous maîtrisez sans problème avec le mouvement des bras sur l'action des jambes, une fois que vous avez bien assimilé l'action des bras. Vous serez ainsi plus à l'aise pour vous allonger et bien glisser.

10 largeurs avec 15" de récupération.

Total
1300 m

LA PREMIÈRE BRASSE
6 séances, 3 pour les jambes et 3 pour les bras et la nage

Séance 5 : Renforcement et entraînement du mouvement de bras et de la nage

1. *Révision des exercices appris.*
– 4 x 25 m R = 10'', en battement de jambes de crawl avec la planche.
– 4 x 25 m R = 10'', la planche à bout de bras et respiration latérale alternative.
– 4 x 25 m R = 10'', sans planche, un bras devant, l'autre le long du corps avec respiration.
– 4 x 25 m R = 10'', battement de dos les bras allongés, les mains l'une sur l'autre.

2. Renforcement du mouvement de jambes.

5 x (2 x 25 m) R = 10'' et 20'' de ciseaux de brasse avec la planche.

4 x 25 m R = 15'', sans planche, les bras allongés en appui sur l'eau avec la respiration.

3. Le mouvement de bras dans l'eau avec les jambes, la tête hors de l'eau.

4 x 25 m R = 15''.

4. La nage avec la respiration.

8 x 25 m R = 15".

4 x 25 m R = 10" de ciseaux les bras allongés en appui avant avec la respiration.

8 x 25 m R = 15" de nage en allongeant la glisse et dans la position le plus à plat possible.

Total
1350 m

LA PREMIÈRE BRASSE
6 séances, 3 pour les jambes et 3 pour les bras et la nage

Séance 6 : Renforcement et entraînement du mouvement de bras et de la nage

1. *Révision des exercices appris.*

– 4 x 25 m R = 10", en battement de jambes de crawl avec la planche.

– 4 x 25 m R = 10", la planche tenue avec un bras et respiration latérale.

– 4 x 25 m R = 10", sans planche, un bras devant, l'autre le long du corps avec respiration.

– 4 x 25 m R = 10", battement de dos les bras allongés, les mains l'une sur l'autre.

2. Renforcement du mouvement de jambes.

6 x (2 x 25 m) R = 10" et 20" de ciseaux de brasse avec la planche.

4 x 25 m R = 15", sans planche, les bras allongés en appui sur l'eau avec la respiration.

3. La nage.

8 x 25 m R = 15"en brasse.

4 x 25 m R = 10" de ciseaux sans planche avec respiration.

4 x (2 x 25 m) R = 10" et 20"en brasse.

4 x 25 m R = 0" de ciseaux sans planche avec respiration.

4 x (2 x 25 m) R = 10" et 20" en brasse.

Total *1600 m*

APPRENTISSAGE DU CRAWL
20 séances

Nous partons du principe que vous avez fait l'ensemble des séances consacrées aux bases techniques et que vous en maîtrisez l'ensemble des éléments.

6 séances sont consacrées au renforcement et à l'entraînement du battement de jambes, associés à la respiration, pour résoudre les problèmes de la propulsion et de la condition physique.

6 séances sont consacrées à l'apprentissage et au renforcement du mouvement de bras de crawl, mais seulement sur un bras, tout en continuant de porter notre attention sur les jambes qui permettent d'améliorer la condition physique et sur la respiration qui doit devenir complètement naturelle.

2 séances sont consacrées au travail successif des deux bras en rattrapé.

Les 6 dernières séances concernent le placement et la pratique de la nage complète.

APPRENTISSAGE DU CRAWL
20 séances

Séances 1 à 6 : Renforcement et entraînement de la propulsion par les jambes avec la respiration

1. *Révision des exercices appris.*
– La respiration latérale et alternative.
– S'allonger et se redresser sur le ventre et le dos.
– Glissées et battements de jambes sur le ventre et le dos.
– Coulées ventrales et dorsales avec sortie de l'eau sur les battements.

2. Battement de jambes avec une planche, les bras allongés dessus, R = 10" et 20".

Séance n° 1 : 10 x 25 m
Séance n° 2 : 5 x (2 x 25 m)
Séance n° 3 : 6 x (2 x 25 m)
Séance n° 4 : 7 x (2 x 25 m)
Séance n° 5 : 8 x (2 x 25 m)
Séance n° 6 : 9 x (2 x 25 m)

3. Battement de jambes avec une planche tenue à bout de bras avec respiration, R = 10".

Séances n° 1 à n° 6 : 4 x 25 m

4. Battement, un bras allongé tenant la planche, l'autre le long du corps avec respiration, R = 10" et 20".

Séance n° 1 : 10 x 25 m
Séance n° 2 : 5 x (2 x 25 m)
Séance n° 3 : 6 x (2 x 25 m)
Séance n° 4 : 7 x (2 x 25 m)
Séance n° 5 : 8 x (2 x 25 m)
Séance n° 6 : 9 x (2 x 25 m)

5. Battement, sans planche, un bras allongé devant, l'autre le long du corps avec respiration, R = 10" et 20".

Séance n° 1 : 6 x 25 m
Séance n° 2 : 4 x (2 x 25 m)
Séance n° 3 : 5 x (2 x 25 m)
Séance n° 4 : 6 x (2 x 25 m)
Séance n° 5 : 7 x (2 x 25 m)
Séance n° 6 : 8 x (2 x 25 m)

6. Battement, les deux bras le long du corps, respiration latérale et alternative, R = 10" et 20".

Séance n° 1 : 4 x 25 m
Séances n° 2 et n° 3 : 6 x 25 m
Séances n° 4 et n° 5 : 8 x 25 m
Séance n° 6 : 8 x 25 m

Totaux

Séance n° 1 : 800 m

Séance n° 2 : 900 m

Séance n° 3 : 1100 m

Séance n° 4 : 1250 m

Séance n° 5 : 1450 m

Séance n°6 : 1 600 m

APPRENTISSAGE DU CRAWL
20 séances

Séances 7 à 12 : Apprentissage du mouvement de bras

Ces séances sont consacrées à l'apprentissage et à la maîtrise du mouvement de bras du crawl, cela sur un seul bras. Chaque bras agit à tour de rôle sur la succession des distances, une fois à droite et une fois à gauche comme pour la respiration. Le plus pratique est, comme nous l'avons dit, d'utiliser le bras qui se trouve toujours du même côté du bassin.

1. ***Révision des exercices appris.***
– La respiration latérale et alternative.
– S'allonger et se redresser sur le ventre et le dos.
– Glissées et battements de jambes sur le ventre et le dos.
– Coulées ventrales et dorsales avec sortie de l'eau sur les battements.

2. **Battement de jambes avec une planche, les bras allongés dessus, R = 10" et 20".**

Séances n° 7 à n° 12 : 8 x (2 x 25 m)

3. **Battement, un bras allongé tenant la planche, l'autre le long du corps avec respiration, R = 10".**

Séances n° 7 à n° 12 : 4 x 25 m

4. **Battement, sans planche, un bras allongé devant, l'autre le long du corps avec respiration, R = 10" .**

Séances n° 7 à n° 12 : 8 x 25 m

5. Mouvement d'un bras, l'autre allongé devant tenant la planche par la main, respiration, R = 15".

Séance n° 7 :	10 x 25 m	*Séance n° 8 :*	10 x 25 m
Séance n° 9 :	12 x 25 m	*Séance n° 10 :*	12 x 25 m
Séance n° 11 :	12 x 25 m	*Séance n° 12 :*	12 x 25 m

6. Mouvement d'un bras sans planche, l'autre bras allongé devant en appui sur l'eau, R = 15" et 20".

Séance n° 7 :	4 x 25 m	*Séance n° 8 :*	8 x 25 m,
Séance n° 9 :	5 x (2 x 25 m)	*Séance n° 10 :*	6 x (2 x 25 m)
Séance n° 11 :	7 x (2 x 25 m)	*Séance n° 12 :*	8 x (2 x 25 m)

7. Mouvement d'un bras, l'autre allongé le long du corps avec respiration, R = 15".

Séance n° 7 :	---,	*Séance n° 8 :*	2 x 25 m
Séance n° 9 :	4 x 25 m	*Séance n° 10 :*	6 x 25 m
Séance n° 11 :	8 x 25 m	*Séance n° 12 :*	10 x 25 m

Totaux

Séance n° 1 : 1150 m

Séance n° 2 : 1300 m

Séance n° 3 : 1450 m

Séance n° 4 : 1550 m

Séance n° 5 : 1650 m

Séance n° 6 : 1750 m

APPRENTISSAGE DU CRAWL
20 séances

Séances 13 et 14 : Travail successif des deux bras

1. *Révision des exercices appris.*
– La respiration latérale et alternative.
– S'allonger et se redresser sur le ventre et le dos.
– Glissées et battements de jambes sur le ventre et le dos.
– Coulées ventrales et dorsales avec sortie de l'eau sur les battements.

2. Battement de jambes avec une planche, les bras allongés dessus, R = 10" et 20".

Séance n° 13 : 8 x (2 x 25 m) *Séance n° 14 :* 8 x (2 x 25 m)

3. Battement, un bras allongé tenant la planche, l'autre le long du corps avec respiration, R = 10".

Séance n° 13 : 4 x 25 m *Séance n° 14 :* 4 x 25 m

4. Battement, sans planche, un bras allongé devant, l'autre le long du corps avec respiration, R = 10".

Séance n° 13 : 8 x 25 m *Séance n° 14 :* 8 x 25 m

5. Mouvement d'un bras, l'autre allongé devant tenant la planche par la main, respiration, R = 10".

Séance n° 13 : 8 x 25 m *Séance n° 14* : 8 x 25 m

6. Mouvement d'un bras sans planche, l'autre bras allongé devant en appui sur l'eau, R = 15" et 20".

Séance n° 13 : 6 x (2 x 25) *Séance n° 14* : 6 x (2 x 25 m)

7. Rattrapé avec une planche, R = 15".

Séance n° 13 : 8 x 25 m *Séance n° 14* : 10 x 25 m

8. Rattrapé sans planche, R = 15".

Séance n° 13 : 6 x 25 m *Séance n° 14* : 10 x 25 m

Totaux

Séance n° 13 : 1650 m

Séance n° 14 : 1800 m

APPRENTISSAGE DU CRAWL
20 séances

Séances 15 à 20 : Placement de la nage, renforcement et entraînement du crawl

1. *Révision des exercices appris.*
– *La respiration latérale et alternative.*
– *S'allonger et se redresser sur le ventre et le dos.*
– *Glissées et battements de jambes sur le ventre et le dos.*
– *Coulées ventrales et dorsales avec sortie de l'eau sur les battements.*

2. Battement de jambes avec une planche, les bras allongés dessus, R = 10" et 20".

Séances n° 15 à n° 20 : 8 x (2 x 25 m)

3. Battement, sans planche, un bras allongé devant, l'autre le long du corps avec respiration, R = 10".

Séances n° 15 à n° 20 : 8 x 25 m

4. Mouvement d'un bras, l'autre allongé devant tenant la planche par la main, respiration, R = 15".

Séance n° 15 : 10 x 25 m
Séance n° 16 : 8 x 25 m
Séance n° 17 : 6 x 25 m
Séance n° 18 : 6 x 25 m
Séance n° 19 : 4 x 25 m
Séance n° 20 : 4 x 25 m

5. Mouvement d'un bras sans planche, l'autre bras allongé devant en appui sur l'eau, R = 15" et 20".

Séances n° 15 à n° 20 : 8 x 25 m

6. Rattrapé sans planche, R = 15".

Séance n° 15 : 8 x 25 m
Séance n° 16 : 6 x 25 m
Séance n° 17 : 4 x 25 m
Séance n° 18 : 2 x 25 m
Séance n° 19 : ---
Séance n° 20 : ----

7. Enchaînement des mouvements sans temps d'arrêt devant, et nage, R = 10" et 20".

Séance n° 15 : 8 x 25 m
Séance n° 16 : 12 x 25 m
Séance n° 17 : 7 x (2 x 25 m)
Séance n° 18 : 8 x (2 x 25 m)
Séance n° 19 : 10 x (2 x 25 m)
Séance n° 20 : 12 x (2 x 25 m)

Totaux

Séance n° 15 : 1550 m

Séance n° 16 : 1550 m

Séance n° 17 : 1500 m

Séance n° 18 : 1500 m

Séance n° 19 : 1500 m

Séance n° 20 : 1600 m

APPRENTISSAGE DU DOS
12 séances

Nous partons du principe que vous avez fait l'ensemble des séances consacrées aux bases techniques et que vous en maîtrisez l'ensemble des éléments.

4 séances sont consacrées au renforcement et à l'entraînement du battement de jambes.

4 séances sont consacrées à l'apprentissage et au renforcement du mouvement de bras de dos, mais seulement sur un bras, tout en continuant de porter notre attention sur les jambes qui permettent d'améliorer la condition physique et sur la respiration du dos.

1 séance est consacrée au travail successif des deux bras en rattrapé.

3 séances, les dernières, sont consacrées au placement et à la pratique de la nage complète.

APPRENTISSAGE DU DOS
12 séances

Séances 1 à 4 : Le renforcement et l'entraînement de la propulsion par les jambes

L'apprentissage de la nage sur le dos qui vient après les bases techniques et le crawl va se faire plus rapidement. Il faut mener de pair cet apprentissage avec un renforcement de l'entraînement du crawl pour donner plus de corps à la séance et en varier le contenu. Nous nous bornerons à ne parler ici que de la démarche de progression du dos.

1. **Battement de jambes avec une planche tenue à bout de bras, R = 10" et 20".**

Séance n° 1 : 6 x (2 x 25 m) *Séances n° 2 à 4* : 8 x (2 x 25 m)

2. **Battement de dos sans planche, les bras allongés, les mains posées l'une sur l'autre.**

Séance n° 1 : 8 x (2 x 25 m) *Séance n° 2* : 10 x (2 x 25 m)
Séance n° 3 : 12 x (2 x 25 m) *Séance n° 4* : 14 x (2 x 25 m)

Totaux

Séance n° 1 : 700 m

Séance n° 2 : 900 m

Séance n° 3 : 1000 m

Séance n° 4 : 1100 m

APPRENTISSAGE DU DOS
12 séances

Séances 5 à 8 : Apprentissage du mouvement de bras

Ces séances sont consacrées à l'apprentissage et à la maîtrise du mouvement de bras de dos, cela sur un seul bras. Chaque bras agit à tour de rôle sur la succession des distances, une fois à droite et une fois à gauche. Le plus pratique est, comme nous l'avons dit, d'utiliser le bras qui se trouve toujours du même côté du bassin. Attention à bien expirer sur la poussée du bras dans le mouvement sous-marin des épaules aux cuisses.

1. Battement de jambes avec une planche tenue à bout de bras, R = 10" et 20".

Séance n° 5 : 6 x (2 x 25 m) *Séance n° 6* : 2 x (2 x 25 m)

Séances n° 7 et n° 8 : ----

2. Battement de dos sans planche, les bras allongés, les mains posées l'une sur l'autre, R = 10" et 20".

Séance n° 5 : 8 x (2 x 25 m) *Séance n° 6* : 10 x (2 x 25 m)

Séance n° 7 : 12 x (2 x 25 m) *Séance n° 8* : 14 x (2 x 25 m)

3. Mouvement d'un bras, l'autre allongé devant tenant la planche par la main, R = 15".

Séances n° 5 à n° 8 : 10 x 25 m

4. Mouvement d'un bras sans planche, l'autre allongé sur l'eau, respiration, R = 15".

Séance n° 5 : 8 x 25 m   *Séance n° 6* : 12 x 25 m

Séance n° 7 : 14 x 25 m   *Séance n° 8* : 16 x 25 m

Totaux

Séance n° 5 : 1150 m

Séance n° 6 : 1150 m

Séance n° 7 : 1200 m

Séance n° 8 : 1350 m

APPRENTISSAGE DU DOS
12 séances

Séance 9 : Travail successif des deux bras

1. Battement de dos sans planche, les bras allongés, les mains posées l'une sur l'autre, R = 10" et 20".

   10 x (2 x 25 m)

2. Mouvement d'un bras, l'autre allongé devant tenant la planche par la main, R = 10".

   10 x 25 m

3. Mouvement d'un bras sans planche, l'autre allongé sur l'eau, R = 10" et 20".

   10 x (2 x 25 m)

4. Rattrapé avec une planche, R = 15".

   8 x 25 m

5. Rattrapé sans planche, R = 15".

   8 x 25 m

Total

Séance n° 9 : 1650 m

APPRENTISSAGE DU DOS
12 séances

Séances 10 à 12 : Placement de la nage, renforcement et entraînement du dos

1. **Battement de dos sans planche, les bras allongés, les mains posées l'une sur l'autre, R = 10" et 20".**

   Séances n° 10 à n° 12 : 10 x (2 x 25 m)

2. **Mouvement d'un bras sans planche, l'autre allongé sur l'eau, R = 10" et 20".**

   Séances n° 10 à n° 12 : 10 x (2 x 25 m)

3. **Rattrapé sans planche, R = 15".**

Séance n° 10 : 4 x 25 m *Séances n°s 11 et 12 : ---*

4. **Enchaînement des mouvements, les placer en opposition complète sans temps d'arrêt devant ni derrière, et nage, R = 10" et 20".**

Séance n° 10 : 8 x 25 m *Séance n° 11 :* 12 x 25 m

Séance n° 12 : 7 x (2 x 25 m)

Totaux

Séances n° 10 et n° 11 : 1300 m
Séance n° 12 : 1350 m

LE MUR DE SÉPARATION
d'un bassin olympique

Le mur de séparation d'un bassin de 50 mètres modulaire et amovible que nous avons mis au point avec M. Durand de la société APPLES Composites (Tél. 04 91 48 86 89) est une bonne réponse aux différents problèmes posés par la pédagogie de l'enseignement et par l'entraînement que nous rencontrons dans un bassin olympique.

Pour un moindre coût et sans altérer l'intégrité même de la piscine, il facilite les différentes cohabitations que nous pouvons rencontrer entre groupes d'entraînement, les sports (natation,water-polo,natation synchronisée et plongeon), le public, les scolaires et les sportifs,tout en facilitant les plannings des M.N.S. et les problèmes de surveillance.

Les photos de ce mur, prises à la piscine Keller de l'ASPTT Paris, illustrent bien les facilités d'utilisation et toutes les possibilités qui s'offrent à un bassin olympique doté de cet équipement, pour le rendre plus utilisable et plus pratique, dans un objectif de plein emploi et de meilleure fréquentation possible si important pour le bien-être de tous et en regard de l'importance de l'investissement qu'une piscine représente.

Achevé d'imprimer par Corlet, Imprimeur, S.A.
14110 Condé-sur-Noireau
N° d'Imprimeur : 83036 - Précédent dépôt : octobre 2003 - Dépôt légal : mars 2005
Imprimé en France